Mikusch / Wasserberg

Das Vollwert – Kochbuch aus Österreich

Manfred G. Mikusch / Waltraud Wasserberg

Das Vollwert – Kochbuch aus Österreich

Leckere Österreichische Spezialitäten
auf gesunde Art und Weise hergestellt

bioverlag gesundleben, 8959 Hopferau – Heimen

ISBN 3-922434-29-0

1. Auflage
1.-10. Tausend

Satz: Fotosatzstudio Fischer, 8959 Hopferau-Heimen

Farbfotos: Studio Teubner, Füssen

Druck: Druckerei Kösel, Kempten

Inhalt

Zum Geleit

"Vorwärts zur Natur" müßte man sagen, wenn man das vorliegende, meisterhaft gemachte Werk in Rezeptur, Fotographie und Aufmachung durchblättert, liest und schließlich auch die wertvollen Ratschläge nachmacht. Zurück zur Natur ist wohl ein altes Bekenntnis vieler denkender Menschen, die nicht nur die Gefahren von Chemie in unseren Lebensmitteln und Heilmitteln erkannt haben; ich meine mehr Richtigkeit besitzt die Erkenntnis über die falschen Wege der letzten Jahrzehnte bezüglich Lebensgewohnheiten, Ernährung, Heilung und Umwelt. Wie mag es mit der Ernährung und den Lebensgewohnheiten vor Christus ausgesehen haben, wenn damals schon Cicero seinen Zeitgenossen predigte: Eure Heilmittel sollen Eure Lebensmittel und Eure Lebensmittel Eure Heilmittel sein. Wie erst recht gültig ist dieser Satz für unsere Jetztzeit, wo nicht nur durch Herbizide, Pestizide und Kunstdünger unsere Grundnahrungsmittel, sondern auch durch allzu "verfeinerte" Kochkunst die Lebensmittel als Heilmittel nicht nur in Frage gestellt sind, sondern darüber hinaus sehr oft durch falsche Ernährung krankmachende Folgen ausgelöst wurden, werden und sein werden. Denken wir nicht nur an die Bratpfanne, auch an die Konservendosen, an die Chemie in unseren Speisen. So wissen wir um die starke Reduzierung ganzer Völkerstämme wie etwa der Eskimos. Denken wir an die Wohlfahrtskrankheit Gicht, die es in Notzeiten kaum gibt. Würde man sagen, der Krebs entsteht auf unseren Feldern, müßte man gleich anschließen und sagen – und findet seine Nahrung auf unserem Tisch. Sage mir was Du ißt und ich sage Dir, wie krank Du bist, wäre sicherlich nicht aus der Luft gegriffen.

Vorwärts zur Natur stimmt schon deshalb, weil Menschen – wie die Verfasser dieser wertvollen Sammlungen – ihre Beobachtungen und Erfahrungen, sowie die Fehler und Sünden der Vergangenheit mit der modernen Ernährungslehre und -philosophie zu einem Werk verbinden, das allen Suchenden auf dem Wege zu einer gesunden Ernährung mit viel praktischen Ratschlägen und erprobten und guten Vorschlägen zur Seite steht. Vollwertkost ist nicht nur ein Schlager, sondern in Anlehnung an die Lehren, z. B. eines Dr. M. O. Brucker vervollständigt, für Kranke, vor allem aber zur Erhaltung der Gesundheit, von größter Bedeutung und Wichtigkeit.

Viele Menschen unserer heutigen Zeit möchten gerne ihren Speisezettel zur Erhaltung ihrer Gesundheit und der Familie umstellen, wissen aber nicht, wie und mit was! Dieses Buch gibt erschöpfend Auskunft, aber vor allem zeigt es Ihnen, wie's gemacht wird. Ja sogar, wie es aussehen wird auf Ihrem Teller. Wer einmal für einen kleineren Zeitraum nur Vollwertkost genossen hat, bemerkte ganz bestimmt, wie dankbar der Körper für diese Ernährung ist, wie die Verdauung plötzlich besser funktioniert und ein allgemein leichtes Wohlbefinden sich einstellt. Volkswirtschaftlich gesehen, wieviele Millionen an Volksvermögen, durch weniger Krankheiten und deren Behandlungen, durch eine solch natürliche Er-

Zum Geleit

nährung erspart bleiben. Dafür müßte eigentlich der Staat, also wir, ein solches Werk wie dieses viel mehr unterstützen, weil es nicht nur für den einzelnen Menschen, sondern für die Allgemeinheit wichtiger ist, als teuerste wissenschaftliche oder Erfolgsbücher verschiedenster Richtungen.
Ich bin überzeugt, dieses Buch hätte nicht meiner Empfehlung bedurft, es empfiehlt sich durch seine Aussage selbst. Dennoch wünsche ich diesem Werk vollste Anerkennung; seinen Lesern guten Nutz und Gebrauch und beim Essen viel Freude, dem Körper gutes Wohlbefinden beim Genuß all dieser angebotenen Köstlichkeiten und den Verfassern guten Erfolg.

gegeben zu Kirchbichl/Tirol
am 6. April 1983

Hans Neuner aus Kirchbichl in Tirol, geboren am 14.12.1917, hat sich seit bereits 3 Jahrzehnten der Naturheilkunde verschrieben. Er hat damit eine alte Familientradition fortgeführt – sein Großvater, der Kiendler aus dem Zillertal, war zu seiner Zeit ein weitum bekannter Bauerndoktor und auch seine Mutter folgte dessen Vorbild – und zugleich seine wahre Lebensaufgabe und Berufung gefunden.
Auf Grund seiner Tätigkeit war und ist es ihm vergönnt, Abertausende von Hilfesuchenden bei der Wiedererlangung ihrer Gesundheit zu unterstützen. Eines seiner vordringlichsten Anliegen ist aber noch heute, die Menschen durch Rat und Aufklärung auf eine gesündere, natürliche Lebensweise hinzuführen. In hunderten von Vorträgen hat er immer wieder die Mitmenschen dazu aufgerufen, die Möglichkeiten und Schätze, die uns die Natur auch heute noch bietet, wahrzunehmen und sinnvoll auszunutzen.
Durch seine vielen Erfolge hat sich Hans Neuner einen Namen weit über Europa hinaus gemacht, dabei aber nie seinen obersten Wahlspruch "Gott ist Dein Arzt – ich bin nur sein Helfer" vergessen, so daß für ihn auch heute noch die Liebe zum Nächsten und die Achtung vor der Natur an erster Stelle stehen!
Hans Neuner wurde 1980 für seine Verdienste um die Gesundheit der Menschen das Verdienstkreuz des Landes Tirol verliehen. Außerdem ist er Ehrenpräsident des Verein–Natürlichen–Lebens, einer der bedeutendsten Gesundheitsorganisationen in Österreich.

Vorwort

Ist die Nahrung, die wir heute zu uns nehmen, noch vollwertig? Ist sie mit allen Nähr- und Wirkstoffen versehen, die der moderne Mensch braucht, um selbst bei großer und höchster Belastung durch Schule, Studium, Beruf oder beispielsweise auch im Sport , und dort speziell im Hochleistungs-Sport, gesund und leistungsfähig zu bleiben? Über diese Fragen ist in der letzten Zeit im Zusammenhang mit Ernährung, Gesundheit und Krankheit viel diskutiert und geschrieben worden. Dabei sind Schlagwörter wie *Bio, vollwertig, Körndlfutter* und *Bio-Kost* unter anderem nicht nur über die Maßen strapaziert , sondern für manche zu richtigen *Reizwörtern* aufgebaut worden.

Spekulanten unter den Geschäftsleuten entdeckten längst die Marktlücke, überspannten den Preisbogen gehörig und stießen viele echte Interessenten vor den Kopf.

Positiv daran ist: Breite Bevölkerungsschichten sind aufgeweckt worden, überdenken ihre alten und krankmachenden Ernährungs-Gewohnheiten und beginnen sich umzustellen.

Seit Jahrzehnten warnen große Ernährungsforscher und zukunftsweisende Pioniere wie Prof. Kollath und Dr. Bruker davor, daß unsere gutbürgerliche Kost eine üppige Mangelernährung ist, und die Hauptschuld trägt an unseren modernen Zivilisationsleiden. Trotz der fortschrittlichsten Medizin, die es je gab, und deren grandiose Erfolge in vielerlei Hinsicht – denken wir nur an die phantastischen chirurgischen Leistungen oder an die modernsten Diagnose-Möglichkeiten – leben wir, so scheint es, im *Zeitalter der Patienten.*

Die Kosten auf dem Krankheitssektor explodieren, die täglichen Arztbesuche häufen sich, das unübersehbare Heer der Chronisch-Kranken bestätigt nur, daß die zivilisierte Menschheit noch nie so krank wie heute war und das in einer Zeit, in der es uns allen doch so gut geht. Der Großteil der Menschen, ob jung oder alt, fühlt sich ständig müde, verspürt keine Lust zur Arbeit, wirkt gereizt, aggressiv und dann depressiv, wird von den verschiedensten Nervenleiden geplagt. Sogar die Selbstmord-Rate steigt immer noch.

Fast alle leiden wir an Zahnkaries, ein Großteil klagt über Magen-, Darm- und Steinerkrankungen. Unübersehbar das Heer von Rheumakranken im weitesten Sinne, fast jeder zweite leidet unter Bandscheiben- bzw. Gelenkproblemen. Es gibt fast keinen jugendlichen Sportler unter vierzehn Jahren mehr, der nicht an Haltungs- oder Fußschäden oder an einem Gelenk-Problem laboriert. Zuckerkrankheit und Herzinfarkt haben sich seit den Fünfzigerjahren verachtfacht; die Geißel Krebs breitet sich immer mehr aus.

Kein Zweifel, wir bewegen uns nur noch einen Bruchteil von dem, was sich unsere Vorfahren vor etwa fünfzig, hundert oder hundertfünfzig Jahren bewegt haben. Wir überspannen unsere *Nerven-Batterie* heute weit mehr als früher; wir können kaum mehr abspannen und *loslassen;* finden schwer zum tiefen, erholsamen Schlaf. Wir verschmutzen Luft und Wasser, vergiften den Boden, leben in ungesunden Häusern, die uns von den wichtigen, feinen Lebens-Substanzen aus Kosmos und Erde isolieren. Wir sind negativ in unserem Denken, in der Einstellung zum

Vorwort

Leben; negativ zu uns selbst, zu unseren Mitmenschen und zu unserem Herrgott.
Belastungsfaktor Nummer eins und Hauptverursacher der Zivilisationsleiden ist unsere derzeitige üppige und minderwertige Ernährung. Jahraus, jahrein die weitverbreitete Kost mit Schnitzeln (in jeder Variante), Pommes frites, Schweinsbraten mit Knödel, Gulasch, Würstel mit Saft, Fleischkäse, Toast, Teigwaren, Nudeln, weißem polierten Reis, Weiß- und Graubrot, Kuchen, Torten, Schokoladen, wenig Frischkost, wenn Gemüse dann totgekocht, nur Salz und Pfeffer als Gewürze, süße Getränke usw., sind wertmäßig dritt- bis fünfklassige, tote Nahrungsmittel und Präparate, die aber – wie oben angeführt – erstklassige Krankheits-Symptome zur Folge haben.
Diese Überlegungen haben mich im Frühjahr 1979 in meiner Eigenschaft als Cheftrainer der österreichischen Skispringer-Nationalmannschaft dazu bewogen, unsere *Adler* (wie man liebevoll in der Öffentlichkeit die erfolgsgewohnten Springer nannte) auf eine vitalstoffreiche Vollwertkost (Vollgetreide, Frischkost, Obst, frische Milchprodukte u.a.) umzustellen. Denn eine Kost, die den Normalbürger langfristig *krankmacht*, kann niemals die optimale Ernährungsform für hart trainierende und hochbelastete Spitzensportler sein. Die Umstellung auf eine vollwertige Ernährung war einer der wichtigsten Bausteine unserer großen Erfolge im Olympiajahr 1980.
Wir sprechen heute alle sehr viel von unserem Verstand, wir sollten mehr zur Vernunft kommen und die schweren Fehler, speziell in unserer Ernährung und in unserer Lebensführung, beseitigen, dann wird es uns allen in Zukunft viel besser gehen.
Wir bewundern sehr oft 80jährige und Ältere, wie vital und rüstig sie körperlich und geistig noch sind. Nicht umsonst empfiehlt uns der große Wegbereiter der Vollwertkost, Dr. Bruker – dessen Schüler die Verfasser dieses wertvollen Kochbuches, Frau Wasserberg und Herr Mikusch sind – sehr treffend, so zu essen, wie es die Bauern vor 150 Jahren auf ihrem Bauernhof getan haben. Weitgehend frei von Fremd- und Schadstoffen, einfach, naturbelassen und vollwertig.
Die Verfasser unterzogen sich der Mühe, die überlieferten Speisen im wahrsten Sinne des Wortes mit *neuem Leben* zu erfüllen, indem sie *Krankmacher ersten Ranges,* wie Auszugsmehle, Fabrikzucker und erhitzte Fette durch Vollkorn, Vollmehle, Honig, Butter aus nicht erhitzter Milch und kaltgepresste Öle ersetzen.
Viele Freunde kräftigender, schmackhafter Natur- und Hausmannskost – darunter viele Sportler – sollten sich nicht nur am Grundlagen-Wissen der Neuen Ernährungslehre, an den einfachen und feinen Rezepten, sondern auch an den herrlichen Illustrationen erfreuen.
Möge dieses außergewöhnliche Vollwert-Kochbuch vielen Menschen ein treuer Begleiter werden auf ihrem Weg heraus aus chronischen Krankheitsbildern und hin zu mehr Gesundheit, Spannkraft und Frische.
Prof. Baldur Preiml
Leiter für Sport- und Gesundheitstraining
der Therme Loipersdorf/Oststeiermark.

Was ist Vollwertkost

Das Leben ist ein einziger zusammenhängender Vorgang und wenn er nicht gestört wird, entsteht das Gesunde von selbst und ist kein Problem. Zum Problem wurde es erst durch den Menschen. Durch seine Maßnahmen, wie er sie an der Nahrung vorgenommen hat: Denaturierung durch erhitzen, konservieren und präparieren. Die ständig ansteigenden Krankenziffern lassen eindeutig erkennen, daß die zivilisierte Welt auf einen katastrophalen Gesundheitszustand zusteuert. Die Zahl der ernährungsbedingten Krankheiten ist breitgefächert wie Sie aus dem Vorwort von Dr. med. M. O. Bruker ersehen können.

Unsere tägliche Nahrung soll ja nicht nur zur Sättigung und Befriedigung des Hungers dem Körper zugeführt werden, sondern hat in erster Linie die Aufgabe, die Antriebsstoffe für ein reibungsloses funktionieren der Körperorgane zu liefern. Das Ziel der täglichen Nahrung muß die Erhaltung und Förderung der Gesundheit sein.

Die Basis einer vollwertigen Ernährung ist die vitalstoffreiche, naturbelassene Kost. Nach den Forschungen des Ernährungswissenschaftlers Prof. Werner Kollath unterscheiden wir Lebensmittel und Nahrungsmittel. Lebensmittel haben noch einen eigenen Stoffwechsel und Nahrungsmittel sind je nach Grad der Erhitzung oder Konservierung minderwertig. Diese sollten möglichst geringfügig verwendet werden.

Vitalstoffe sind ein Sammelbegriff für alle biologischen Wirkstoffe: Vitamine, Fermente, Mineralstoffe, Aromastoffe und die ungesättigten Fettsäuren. Ein Mangel an diesen biologischen Wirkstoffen ruft Krankheiten hervor.

Es ist daher erforderlich, die Vitalstoffe in natürlicher Form dem menschlichen Organismus zuzuführen. Die Vitalstoff–Forschung ist noch nicht abgeschlossen; Mineralstoffe und bisher unbekannte Vitamine werden laufend entdeckt. Da diese noch nicht restlos erforscht sind, können sie auch nicht auf künstlichem Wege hergestellt werden. Die Wirkungskraft der künstlichen Vitamine ist gemindert und gestört. Als optimale Gesundheitsvorsorge ergibt sich ein Frischkostanteil von 1/3 der täglichen Nahrung. Die Auswahl an Obst, Gemüsen und Blattsalaten sollte sehr abwechslungsreich sein und sich nach der Jahreszeit richten. Bei den Gemüsearten ist stets darauf zu achten, zur einen Hälfte über der Erde und zur anderen Hälfte unter der Erde gewachsene Gemüse zu kombinieren. Die natürlichen Inhaltstoffe sollen sich ergänzen und die Bedarfsdeckung sicherstellen.

Wichtig ist, daß bei jeder Mahlzeit die Frischkost als erster Gang gegessen wird. Nach dem Motto: "Man soll den Bummelzug nicht vor dem Eilzug fahren lassen", denn Frischkost ist leichter verdaulich und dient, durch die Vitalstoffe, als Wegbereiter des Verdauungsvorganges.

Das noch verbleibende 2/3 kann als erhitzte Kost verzehrt werden.

Die Bedeutung der biologischen Vollwertkost kann nicht deutlich genug in den Vordergrund gestellt werden. Mit einem Optimum lebendiger, natürlicher Wirkstoffe wurde die "Heilkraft" der vollwertigen Ernährung von Dr. Bircher–Benner, Dr. med. M.O. Bruker, Prof. Werner Kollath u.a. nachgewiesen und an zehntausenden Patienten erfolgreich bestätigt.

Der Frischkornbrei

Der Frischkornbrei ist die Basis der vollwertigen, natürlichen Ernährung.
Das Getreide ist der Hauptlieferant des gesamten Vitamin-B-Komplexes. Vollkornprodukte, auch das Vollkornbrot aus frisch gemahlenem Getreide, sind nicht ausreichend für die Deckung des täglichen Bedarfs an Vitalstoffen, infolge der Erhitzung des Getreides beim Backen. Der tägliche Genuß des Frischkornbreies in unerhitzter Form ist daher unerläßlich.
Für den Frischkornbrei können sämtliche Getreidearten verwendet werden, wie Weizen, Gerste, Roggen, Hafer, Buchweizen, Dinkel und Hirse.
Sie können nur Weizen verwenden, oder mit anderen Getreidearten kombinieren z.B. Weizen, Buchweizen und Roggen, oder auch sämtliche Getreidesorten gemischt. Hirse und Buchweizen empfehlen wir nicht zu schroten, sondern ganz zu verwenden.
Wichtig ist, daß das Getreide jedesmal frisch geschrotet wird, damit sämtliche biologischen Wirkstoffe erhalten bleiben. Es spielt aus gesundheitlicher Sicht jedoch keine Rolle, ob Sie eine Getreidemühle mit Stein- oder Stahlmahlwerk verwenden. Beim fertig gemischten Sechskorn kann jedoch beides mitgemahlen werden. Eine Übersicht über gängige Getreidemühlen erhalten Sie in der Broschüre "Gesundheit ist kein Zufall", die Sie gegen DM 1,50 Porto beim biovertrieb gesundleben in 8959 Hopferau anfordern können.
Sämtliche Zutaten für den Frischkornbrei müssen eine gute Qualität haben. Achten Sie darauf, daß die Produkte möglichst aus biologischem Anbau sind. Das Getreide muß keimfähig sein.

Rezept Frischkornbrei

pro Person rechnet man 3 Eßl. Frischgetreide

12 Eßl. Getreide
ca. 600 g frische Früchte z.B. Bananen, Zwetschgen, Trauben, Orangen, Birnen, verschiedene Beeren usw.
Saft einer ausgepreßten, unbeh. Zitrone
2 Äpfel
1 Eßl. Honig
2 Eßl. Leinsamen ganz
50 g Nüsse (abwechselnd versch. Sorten)
1/8 ltr. Rahm (süße Sahne)

Das Getreide oder die Getreidemischung wird in der Getreidemühle gemahlen, vermengt mit kaltem Leitungswasser vermengt, so daß ein dicker Brei entsteht. Er soll mindestens 4, höchstens 12 Stunden quellen. Am besten ist es, das Getreide abends anzusetzen und über Nacht zugedeckt stehen zu lassen. Am Morgen vor dem Frühstück gibt man Zitronensaft, die kleingeschnittenen Früchte der Jahreszeit, Honig, den Leinsamen und die Sahne hinzu. Die Äpfel wrdn zum Schluß grob grasplt odr fingrieben und sofort untergemengt, damit sie nicht oxydieren. Füllt den Frischkornbrei portionsweise ab, garniert mit Früchten und Nüssen. Er sollte stets abwechslungsreich zubereitet werden.

Abwandlungen Frischkornbrei

Das reiche Angebot der Früchte ist uns hier hilfreich. So können auch Trockenfrüchte verwendet werden, die jedoch abends separat eingeweicht werden müssen.
Zur Abwechslung können auch steifgeschlagene Sahne, flüssige Sahne, Joghurt oder Quark Anwendung finden. Äpfel sollten stets verwendet werden – grob geraspelt oder fein gerieben. Der Honig sollte bei süßen Früchten weggelassen werden.
Der Frischkornbrei nach Dr. Evers besteht aus Roggen, Weizen oder einem Gemisch von beidem. Das Getreide wird nach dem weiter unten beschriebenen Keimverfahren angekeimt. Zubereitet wird der Frischkornbrei dann nach einer Keimzeit von ca. 3 Tagen mit den gleichen Zutaten wie auf Seite 17 beschrieben.
Diese Variante ist besonders zu empfehlen, wenn Sie noch keine Getreidemühle haben oder Ihre Mühle einmal in Reparatur ist. Allerdings ist kräftiges Kauen unerläßlich.

Das Keimverfahren

Die meisten Samenarten eignen sich zum Keimen, um sie anschließend zu einem Frischkornbrei oder Salat zuzubereiten. Als Dekoration, zur Geschmacksverbesserung oder auch einfach aus gesundheitlichen Gründen eignen sich die gekeimten Samen, insbesondere das Getreide, auch vorzüglich als Beigabe zu vielen Salaten.
Das Keimverfahren ist recht einfach und es sind keinerlei Geräte erforderlich, die nicht sowieso im Haushalt vorhanden sind:
Das Getreide darf wegen der unterschiedlichen Keimzeiten nicht gemicht werden, sondern muß getrennt gekeimt werden (z.B. Roggen und Weizen).
Der Samen wird abends mit einem großen Glas Wasser übergossen, so daß alles bedeckt ist. Am nächsten Morgen das Wasser abgießen, die Samen abbrausen und ohne Wasser über Tag stehen lassen. Am Abend wieder mit frischem Wasser übergießen usw., bis der Keimling die richtige Größe je nach Verwendungszweck erreicht hat. Für den Frischkornbrei ca. 1/3 cm. Für diese Größe dauert die Keimzeit ca. 3 Tage. Die Samen sollen in Zimmertemperatur stehen.

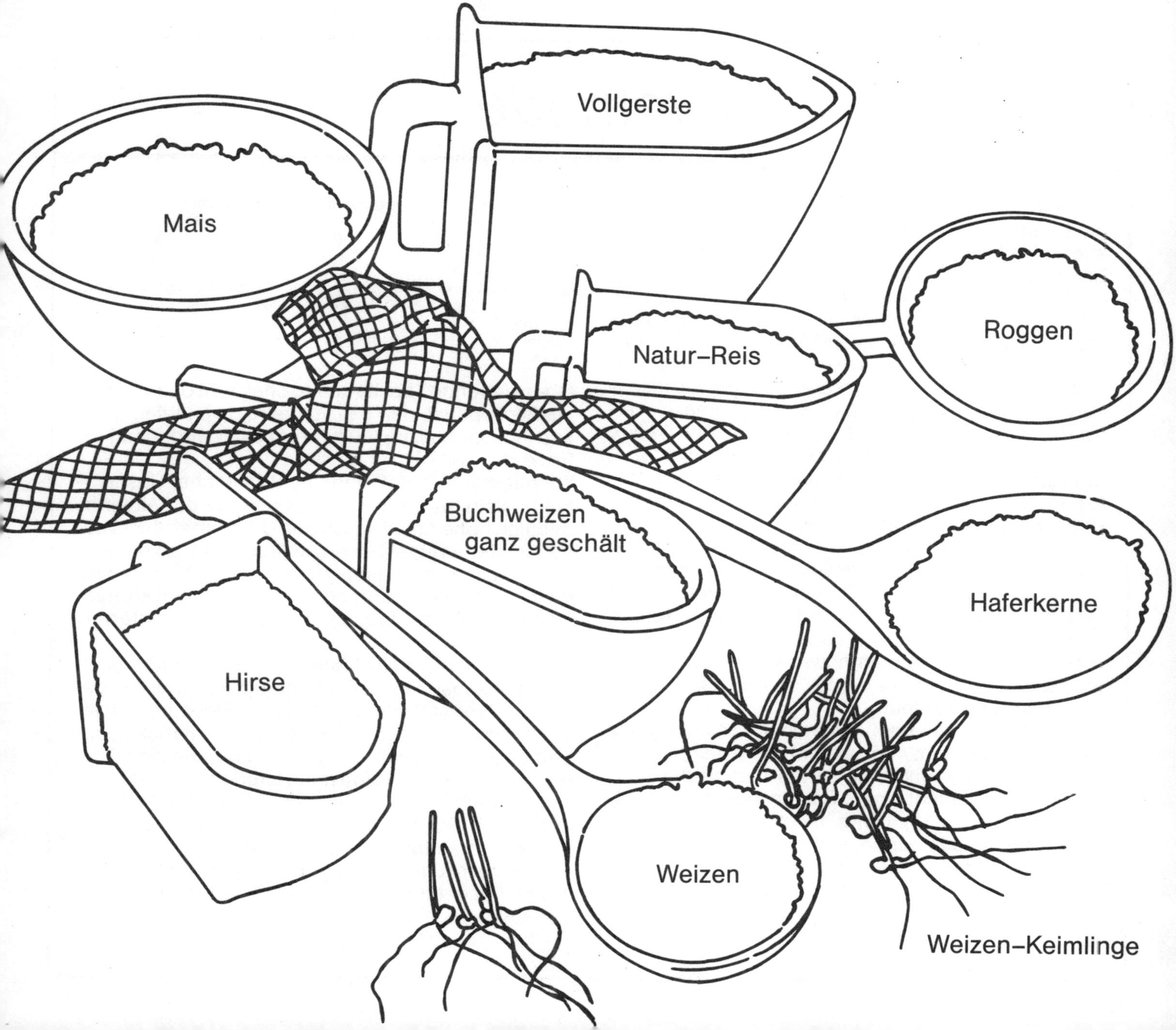
Vollgerste
Mais
Roggen
Natur–Reis
Buchweizen
ganz geschält
Haferkerne
Hirse
Weizen
Weizen–Keimlinge

Getreide

Seit Jahrtausenden war das Getreidekorn in Europa die Hauptnahrungsquelle der Menschen und damit auch gleichzeitig die Grundlage ihrer Gesundheit. Brecht schreibt: *Das Getreidekorn ist von einer biologisch einzigartigen Ausgeglichenheit und Harmonie. Da ist zunächst ein ideales Verhältnis von Kohlenhydrat, Eiweiß und Fett. Dann enthält es die für den Körper wichtigsten Mineralien reichlich und in einem Verhältnis wie es vom Körper gebraucht wird, insbesondere ist das Verhältnis von Kalium und Magnesium etwa das gleiche, wie es in den Nerven und im Gehirn vorkommt. Dann sind eine Reihe sehr wertvoller Spurenelemente vorhanden, wie Kupfer, Aluminium, Nikkel, Kobalt, Zink, Vanadium, Gold, Mangan und der Roggen enthält außerdem Fluor.*

Das Getreide wurde bis zur Industrialisierung im 19. Jahrhundert, aber auch alle Gemüse, das Obst, Honig, Milch, Eier, Käse und Ölfrüchte, weitgehend roh verzehrt. Erst die fortschreitende Industrialisierung und Technisierung führte dann zur Denaturierung dieser für den Menschen notwendigen Lebensmittel. Damit aber begann ein für den Menschen verhängnisvoller Kreislauf.

Bei der heute allgemein üblichen Verarbeitung des Getreides zu feinem Auszugsmehl wird nicht nur der gesamte Keim abgetrennt, sondern auch die wertvolle Aleuronschicht, sowie Samen und Fruchtschale (siehe Abb. S. 13). Übrig bleibt der stärkehaltige Mehlkörper – das minderwertige Auszugsmehl. Es ist aller lebenden Substanzen beraubt.

Vitalstoffgehalt	*Auszugsmehl mg/kg*	*Vollkornmehl mg/kg*
Vitamin B 1	*0,7*	*5,1*
Vitamin E	*–,–*	*24*
Provitamin A	*–,–*	*3,3*
Nicotinsäureamid	*7,7*	*57*
Pantothensäure	*23*	*50*
Kalzium	*60*	*120*
Kalium	*1150*	*4730*
Eisen	*7*	*44*

Obenstehende Tabelle veranschaulicht den krassen Vitalstoffverlust, den das Vollgetreide erleidet, wenn aus ihm ein Auszugsmehl hergestellt wird (nach Dr. Bruker).

Wichtigster Vitalstoff und unentbehrlicher Bestandteil Vitalstoffes beim Getreidekeim ist der außerordentlich hohe Anteil an Vitamin B 1. Kein anderes Lebensmittel verfügt über mehr Vitamin B 1, so daß das ganze volle Korn Hauptlieferant dieses Vitamins für die menschliche Nahrung ist, d.h. ohne Vollkorngetreide bleibt der Mensch mit Vitamin B 1 unterversorgt.

Der durchschnittliche Vitamin B 1 Gehalt unserer Zivilisationskost liegt bei 0,8 mg täglich. Die Weltgesundheitsorganisation hat den Mindestbedarf jedoch mit 1,5 mg täglich festgelegt, also nahezu doppelt so viel. Eine vollwertige Nahrung, wie sie früher war, als das Vollgetreide noch Grundnahrungsmittel war, enthielt etwa 5 mg Vitamin B 1 pro Tag. Ohne Vitamin B 1 gibt es keinen normal funktionierenden Kohlenhydratstoffwechsel. Je mehr Kohlenhydrate dem Körper zugeführt werden, um so mehr Vitamin B 1 benötigt er für deren Abbau in Traubenzucker und Kohlensäure.

Getreide

Die Unterversorgung an Vitamin B 1 – sie ist eine chronische Erscheinung bei allen zivilisierten Völkern – führt zwangsläufig zu Stoffwechselstörungen und somit langfristig zu Erkrankungen der entsprechenden Stoffwechselorgane. Vor allen Dingen das Nervengewebe benötigt das meiste Vitamin B 1.

Getreidearten

Es gibt sieben Getreidearten, deren individuelle Eigenarten durch die klimatischen und geographischen Verhältnisse in den Ursprungsländern bedingt sind:
Gerste, Weizen, Roggen, Hafer, Hirse, Reis und Mais.
Der Buchweizen ist zwar ebenfalls eine Körnerfrucht, gehört aber nicht zu der Familie der Gräser und somit nicht zum Getreide. Er ist ein Knöterichgewächs, das jedoch ernährungsphysiologisch nicht uninteressant ist.

Gerste

Sie zählt neben dem Weizen zu den ältesten Kulturgütern der Menschen. Ihre Wildform stammt vermutlich aus den Fels- und Steppenböden des Orients. Sie war aber schon in der Alt- und Jungsteinzeit ein geschätztes Grundnahrungsmittel in Europa. Sie ist heute in der ganzen Welt verbreitet sowohl im hohen Norden, als auch in 2000 m Höhe der Alpen.
Für die Gerste eignen sich folgende Gewürze bei der Zubereitung: Basilikum, Salbei, Thymian, Koriander.

Weizen

Er kommt vermutlich aus Mittelasien. Schon 4000 v. Chr. war er neben der Gerste in Ägypten Grundlage der Nahrung.
Der Weizen vereinigt wie keine andere Getreidesorte alle Eigenschaften in sich. Er ist sozusagen harmonisch abgerundet.
Der Vollweizen ist dank seines hohen Proteingehaltes (11 – 13 %) und seine wohlausgewogenen Mineralien, Spurenelementen und Fetten ein außerordentlich wertvolles Grundnahrungsmittel.
Weizen kann neben dem Mais die größte Zahl von Untersorten aufweisen (über 12.000). Eine bekannte Abart ist das Schwäbische Korn oder Dinkel genannt. Es war das Korn der Alemannen und in Süddeutschland weit verbreitet.
Der Weizen zeichnet sich durch eine gute Backfähigkeit aus, die den Bestandteilen Glutenin und Gliatin zu verdanken ist.
Für den Weizen eignen sich folgende Gewürze bei der Zubereitung:
Koriander, Basilikum, Rosmarin, Majoran und Liebstöckel.

Roggen

Typisch für den Norden, obwohl auch er erstmals im Osten kultiviert wurde, gelangte er um die Bronzezeit herum nach Mitteleuropa und war sogar um 600 v. Ch. Hauptnahrungsbestandteil. Roggen ist besonders nahrhaft; sein hoher Kalium- und Fluorgehalt wirkt sich günstig auf die Leber und die Schmelzbildung der Zähne aus.
Für den Roggen eignen sich folgene Gewürze bei der Zubereitung:
Kümmel, Wacholder, Lorbeer, Rosmarin oder Thymian.

Getreide

Hirse

Sie ist so alt wie die Gerste. Ihre Heimat ist Mittelasien bzw. das nördliche Ostindien. Nomaden brachten sie nach Europa und im Mittelalter war sie Hauptnahrungsmittel der Armen.
Der wachsende Einfluß der Kartoffel und des Mais führte dazu, daß die Hirse aus Deutschland verschwand.
Wie Hafer und Gerste ist die Hirse ein Spelzgetreide, welches erst der Schälung bedarf. Auch noch danach ist sie ein äußerst vollwertiges Vollkornprodukt mit einem hohen Anteil an Silicium (Kieselsäure), Fluor, Magnesium, Kalium, Phosphor und Eisen.
Für die Hirse eignen sich folgende Gewürze bei der Zubereitung:
Lauch, Petersilienwurzel, Sellerie, Zwiebel, Möhren, Pastinaken oder Dill, Koriander und Fenchel, Ingwer und Koriander oder auch Wacholder und Lorbeer.

Hafer

Er gilt als europäisches Urgetreide. Er war die Hauptnahrung der Germanen und im Mittelalter neben der Gerste die gebräuchlichste Getreideart. Er bringt einen gestörten Eiweiß- und Mineralstoffwechsel wieder ins Lot.
Für den Hafer eignen sich folgende Gewürze bei der Zubereitung:
Thymian, Kümmel oder Koriander, Fenchel.

Reis

Er gilt als Getreide des Ostens und ist heute in Asien noch ein vollwertiges Grundnahrungsmittel. Die Hälfte aller Asiaten leben von diesem Vollgetreide. Der Reis ist natriumarm. Er besitzt leicht verdauliches Eiweiß.

Mais

Die ursprüngliche Heimat ist wahrscheinlich Mexiko. Er ist in Verbindung mit einer abwechslungsreichen Getreideküche eine ideale Ergänzung.

Buchweizen

Als Knöterichgewächs ist er unter anderem mit dem Sauerampfer und dem Rhabarber verwandt. Seine Heimat ist vermutlich Nepal und China. Die Früchte gehörten früher in Rußland und anderen slawischen Ländern zur Grundnahrung. Der Buchweizen ist leicht bekömmlich, eine ideale Ergänzung zu den übrigen Getreiden, da seine Proteine auch reichlich die essentielle Aminosäure Lysin enthält, die in den Getreiden nur spärlich vorhanden ist.
Hervorzuheben ist eine besondere Eigenart des Buchweizens: Im Gegensatz zum Weizen läßt sich die Knöterichpflanze durch Kunstdüngergaben nicht im Ertrag steigern.

Unser täglich Brot

Eine der wichtigsten Krankheitsursachen ist unser tägliches Brot. Ausgerechnet dieses Hauptnahrungsmittel hat in den letzten 100 Jahren eine vollkommene Wandlung erfahren. Früher wurde für die Herstellung von Brot das volle Korn zum Mahlen des Mehls verwendet. Im Zuge der Industrialisierung und um eine längere Lagerfähigkeit des Mehles zu erreichen, wurde der ölhaltige Keim und die Randschicht des Kornes entfernt, und es blieb nur noch der Mehlkörper, das isolierte Kohlenhydrat, übrig.

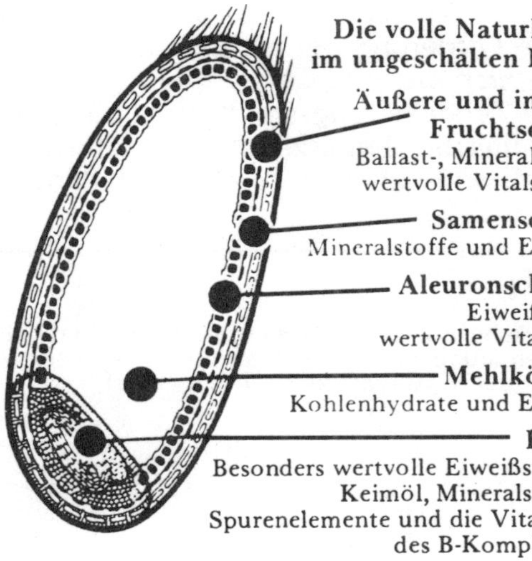

Die volle Naturkraft im ungeschälten Korn

Äußere und innere Fruchtschale
Ballast-, Mineral- und wertvolle Vitalstoffe

Samenschale
Mineralstoffe und Eiweiß

Aleuronschicht
Eiweiß und wertvolle Vitamine

Mehlkörper
Kohlenhydrate und Eiweiß

Keim
Besonders wertvolle Eiweißstoffe, Keimöl, Mineralstoffe, Spurenelemente und die Vitamine des B-Komplexes.

Durch diesen Veränderungsprozeß wird das natürliche Gefüge des Korns zerstört. Für den Stoffwechsel des Auszugsmehles und deren Produkte stehen im Körper nicht mehr die erforderlichen Vitalstoffe zur Verfügung. Auch der Mineralstoffgehalt schwindet. Nach der alten Kalorienlehre war der Brennwert des Nahrungsmittels weitgehend entscheidend, also mußten nur die Kohlenhydrate in der täglichen Nahrung enthalten sein. Alle anderen Inhaltsstoffe galten als überflüssig und als zusätzlicher Ballast für den Körper.
Da gerade die Vitamine aus dem B–Komplex für die gesamten Stoffwechselvorgänge im Körper entscheidend sind, leiden 60 – 70 Prozent aller Menschen unter Stoffwechselstörungen, weil mit der Veränderung des Getreides insbesondere das Vitamin B 1 entfernt wird.

Ohne Vollkornbrot entstehen Mangelkrankheiten

Besteht die tägliche Nahrung nicht aus Vollkornprodukten, (Vollkornbrot, Vollkornkuchen, Vollkornnudeln usw.), so entsteht eine dauernde Unterversorgung an Vitaminen und Mineralstoffen. Daß diese Fehlversorgung auf Dauer zu Krankheiten führt, ist sicher verständlich.
Unser menschlicher Körper ist in der Lage, viele Verstöße gegen seine eigentliche Natur hinzunehmen und auszugleichen. Werden jedoch Fehler in der Ernährung über Jahre hinaus gemacht, dann müssen zwangsläufig Erkrankungen auftreten.

Unser täglich Brot

Vermeiden Sie daher möglichst alles, was aus Auszugsmehl hergestellt wurde. Dazu gehören alle Weiß- und Graubrote, Gebäck und Kuchen. Auch dunkles Brot, also Graubrot, kann lediglich ein Auszugsmehlprodukt sein. Durch die Entfernung der Randschichten und des Getreidekeims fehlen im Auszugsmehl lebenswichtige Inhaltstoffe, vor allem die Vitamine der Gruppe B. Gerade diese Vitamine sind notwendig, um die Kohlenhydrate des Korninnern für den Körper verwertbar zu machen. Sie sehen also, daß die Natur alle Lebensmittel geordnet zusammenstellt.
Warum sollten wir dies zu unserem Nachteil ändern? Ersetzen Sie also alle Auszugsmehlprodukte durch Vollkornprodukte: Vollkornbrot und -brötchen, Vollkornkuchen und -plätzchen, Vollkornnudeln. Achten Sie bitte beim Einkauf darauf, daß diese Produkte aus frisch gemahlenem Vollkornmehl hergestellt wurden.

Wie wichtig dies ist, wird immer wieder unterschätzt. Aus der Tabelle *Der Mehl-Vergleich* können Sie ersehen, wie groß der gesundheitliche Unterschied zwischen frisch gemahlenem und 14 Tage altem Vollkornmehl ist. Selbst beim erhitzten Vollkornmehl, bei dem ja auch schon einige Inhaltsstoffe zerstört wuden, ist die Gesundheit noch über Generationen hinaus gewährleistet. Bei gelagertem Vollkornmehl, wie es normalerweise in den Bäckereien verwendet wird, ist dies nicht der Fall.

Warum frisch geschrotet?

Sicher haben Sie in den letzten Jahren auch immer wieder die Forderung gehört: *Laßt die Lebensmittel so natürlich wie möglich!.*
Durch die Zerkleinerung des Kornes beim Mahlen wird der Inhalt des Getreidekorns dem Luftsauerstoff ausgesetzt, wodurch eine Oxydation stattfindet. Da-

Der Mehlvergleich

Daß ein erheblicher Unterschied zwischen frisch gemahlenem und 14 Tage altem Vollkornmehl besteht, haben die Forscher Kühnau und Bernasek in Versuchen festgestellt. Dabei wurde beobachtet, wie sich die Zahl der Nachkommen bei unterschiedlicher Kost im Laufe der Generationen verändert. Die einzelnen Gruppen von Versuchstieren wurden neben 50 % normaler Kost zu 50 % mit folgendem gefüttert:

	1.	2.	3.	4.
Gruppe I: frisch gemahlenes Vollkornmehl	11,3	9,7	12,3	12,0
Gruppe II: Brot aus frisch gemahlenem Vollkornmehl	12,3	9,5	9,3	11,6
Gruppe III: 14 Tage altes Vollkornmehl	9,5	4,5	3,2	--
Gruppe IV: Brot aus 14 Tage altem Vollkornmehl	8,0	3,5	2,0	--
Gruppe V: Auszugsmehl	8,0	4,0	1,2	--

Unser täglich Brot

bei gehen viele lebenswichtige Vitalstoffe verloren. Bereits nach kurzer Zeit ist das geschrotete Mehl für unsere Gesundheit wertlos!
Um der Forderung des weltbekannten Ernährungsforschers Prof. Dr. Kollath nachzukommen muß das Getreide vor jeder Zubereitung frisch gemahlen werden.
ermöglichen, stellen wir Ihnen auf den folgenden Seiten für alle Haushaltsgrößen und jeden Bedarf Getreidemühlen vor.

Unser tägliches Brot

Die Lebensmittel so natürlich wie möglich zu belassen, ist, was das Getreide betrifft, nicht schwer. Beachten Sie bitte einfach zwei wichtige Punkte:

1. Verwenden Sie möglichst immer Getreide aus biologischem Anbau, denn nur die gesunde Pflanze ist im Stande, die unzähligen Mineralstoffe (bisher 92 erforschte) aus dem Steinmaterial der Erde zu lösen, aufzunehmen, umzuwandeln und durch sich selbst an uns Menschen weiterzugeben.
2. Mahlen Sie Ihr Getreide selbst auf möglichst schonende Weise, und zwar vor dem Verzehr die Menge, die Sie gerade frisch benötigen.

Sie können fast alles, was Sie heute aus Augszugsmehl essen, auch als Vollkornprodukt erhalten und zu sich nehmen. Angefangen beim Weiß- und Graubrot, das durch verschiedene Arten Vollkornbrot ersetzt werden kann. Auch Vollkornbrot ist keineswegs eintönig oder einseitig. Mit Vollkornbrot können ebensoviel Variationsmöglichkeiten hergestellt werden wie mit Auszugsmehl.

Meistens bekommen Sie diese Dinge nur in den Reformhäusern und Naturspeiseläden.
Es ist daher für jeden Haushalt wichtig, eine Vollkornmühle zu besitzen, mit der Sie Ihr Getreide frisch schroten und mühlenwarm verarbeiten können.

Graubrot nicht besser als Weißbrot

Daß Graubrot besser ist als Weißbrot, ist ein weitverbreiteter Irrtum. Ebenso hört man oft, daß Roggenbrot oder Roggenbrötchen (da sie etwas dunkler sind), gesundheitlich besser sind als Weißmehlprodukte. Hierin liegt jedoch ein entscheidender Irrtum. Sowohl das Roggen- als auch das Weizenbrot werden in der Regel aus Auszugsmehl hergestellt. Aus beiden Getreidearten können Sie auch Vollkornmehl herstellen. Das Vollkornmehl kann jedoch nicht aufgrund der Farbe vom Auszugsmehl unterschieden werden. Ebenso ist der Irrtum weit verbreitet, daß nur ein Brot, in dem noch ganze oder halbe Körner sind, auch ein Vollkornbrot ist. Dies stimmt ebenso wenig. Es ist möglich, das Vollkornmehl fast genauso fein zu mahlen wie das Auszugsmehl. Durch diesen Mahlprozeß wird das volle Korn jedoch nicht entwertet, sondern nur zerkleinert. Ebenso kann ein entkeimtes Korn auch zu einem grob geschroteten Brot aus Auszugsmehl verarbeitet werden.
Entscheidend ist nicht, wie fein oder grob ein Mehl gemahlen ist oder welche Farbe es hat, sondern entscheidend ist nur, ob der Keim und die Randschicht des Korns mitverarbeitet und vermahlen werden oder ob diese vor der Verarbeitung entfernt werden.

Auch rohes Getreide ist wichtig

Das Vollkornbrot und alle Vollkorngebäcke sind durch den Erhitzungsprozeß leider auch schon wieder etwas unnatürlich gemacht. Einige Vitamine und vor allen Dingen die Enzyme sind angegriffen oder zerstört. Aus diesem Grund sollten Sie täglich etwas rohes Korn in Form eines Frischkornbreies (s.S. 17) zu sich nehmen. In diesem rohen Korn sind noch alle lebenswichtigen Inhaltsstoffe enthalten. Dieser Frischkornbrei dient als wichtige Grundlage für eine gesunde Ernährung. Der Frischkornbrei eignet sich ganz besonders als Frühstück oder aber auch zu jeder anderen Mahlzeit. Dies kommt auf den Geschmack und die Gewohnheit des Einzelnen an.

Kinder lassen sich mit dem Frischkornbrei sehr gut überzeugen. Ein Frühstück aus Haferflocken kann nicht den Frischkornbrei ersetzen, da die Haferflokken meist nicht aus dem vollen Korn hergestellt sind und zur Haltbarmachung einem entsprechenden Erhitzungsprozeß und anderen Verarbeitungen unterworfen wurden.

Ihre Vollkornmühle benötigen Sie täglich

Falls Sie nicht selbst backen wollen (was sicher schade ist, wenn ich an ein frisches duftendes Brot denke), dann beginnen Sie aber auf alle Fälle mit dem Frischkornbrei.
Viele Menschen scheuen jedoch die Anschaffung einer Getreidemühle, wenn Sie erst mit der Ernährungsumstellung beginnen.
Aber falls auch Sie diese Ausgabe scheuen, fangen Sie zunächst ganz einfach mit einer alten elektrischen Kaffeemühle an und schroten Sie darin das Korn für den Frischkornbrei. Wenn Sie erst eine Weile mit der neuen Ernährung gelebt haben, können Sie selbst entscheiden, welche Getreidemühle für Ihren Haushalt am besten geeignet sein wird.

Macht Zucker krank?

Ja – ihre Süßspeisen lieben die Schwaben über alles. Deshalb ist es so wichtig, daß wir den Zucker einmal etwas genauer unter die Lupe nehmen, denn der Zucker ist wohl das umstrittenste Nahrungsmittel. Einerseits wird ihm viel Gutes nachgesagt, andererseits wird behauptet, daß er der Gesundheitsfeind Nr. 1 sei. Wir wollen daher anhand wissenschaftlicher Grundlagen untersuchen, was an diesen Vorwürfen wirklich dran ist. Welche Auswirkungen er auf unsere Gesundheit hat und wie unsere Einstellung zum Zuckerverzehr sein sollte.
Am besten ist es, wenn Sie alles das, was Sie bisher über den Zucker gehört oder gelesen haben, aus Ihrem Gedächtnis streichen. Nehmen Sie die hier gegebenen Informationen ohne Vorurteile auf, auch wenn sie Ihnen unangenehm sind, weil Sie selbst sehr gerne Zucker essen. Nur dann können Sie sich wirklich ein Urteil bilden. Seien Sie für alle Informationen aufgeschlossen, auch wenn Ihnen das hier erworbene Wissen um die wirklichen Zusammenhänge in einigen Dingen nicht gefällt.

Was ist Zucker?

Damit sind wir gleich bei der wichtigsten Frage. Zukker kommt in zahlreichen Früchten und auch in anderen Lebensmitteln als ganz natürliche Substanz vor. Auch wird im Stoffwechsel Ihres Körpers auf natürliche Art und Weise Zucker produziert. Diese Arten des natürlichen Zuckers unterscheiden sich jedoch ganz kraß vom Fabrikzucker.
Fabrikzucker ist die Substanz, die aus Zuckerrüben, Zuckerrohr oder anderen Produkten durch chemische und physikalische Bearbeitungsmethoden gewonnen wird. Da diese Verarbeitung in einer Fabrik stattfindet, nennen wir ihn auch Fabrikzucker. Wir teilen somit den Zucker in zwei große Gruppen ein: Einmal den natürlichen Zucker, wie er in der Natur vorkommt. Zum anderen den Fabrikzucker, wie er durch bestimmte Arbeitsprozesse in einer Fabrik aus Naturprodukten gewonnen wird und dann als isoliertes Kohlenhydrat angeboten wird.

Fabrikzucker ist ein Vitamin–B–Räuber

Damit Sie Fabrikzucker in Ihrem Körper verarbeiten können, wird vorwiegend das Vitamin B 1 verbraucht. Nun haben Wissenschaftler festgestellt, daß der Durchschnittsmensch ca. 1,5 Milligramm Vitamin B 1 pro Tag benötigt. Aufgrund der Ernährungsgewohnheiten der Bevölkerung erhält der Durchschnittsmensch aber nur ca. 0,8 mg des Vitamins B 1 zugeführt. Neben diesem Defizit des Vitamins B 1 tritt noch der Fabrikzucker als "Vitamin–B–Räuber" auf. Das bedeutet, daß Sie bereits mit Vitamin B 1 unterversorgt sind. Wenn Sie Fabrikzucker zu sich nehmen, wird diese Situaton noch verschlechtert, da der Fabrikzucker Vitamin B 1 verbraucht. Das durch den Fabrkzucker verbrauchte Vitamin B 1 steht somit für andere wichtige Aufgaben, insbesondere den Stoffwechsel, nicht mehr zur Verfügung.

Macht Zucker krank?

Zucker–Krankheiten beginnen bei den Zähnen!

Die Zähne sind der Gradmesser der Gesundheit. Der Fabrikzuckerkonsum macht sich in ganz extremem Maße an Ihren Zähnen bemerkbar. Wenn Sie regelmäßig Fabrikzucker oder fabrikzuckerhaltige Nahrungsmittel essen, können Sie sich gleichtzeitig ein Dauerabonnement beim Zahnart besorgen.

Sie können natürlich durch eine entsprechende Zahnpflege eine Linderung erreichen. Der Fortschritt der Zahnerkrankungen kann dadurch jedoch nicht aufgehalten werden. Erst wenn Sie gleichzeitig auf Fabrikzucker und auf alle damit gesüßten Speisen verzichten, können Sie zu einer wirklichen Zahngesundheit kommen.

Ihre Zähne sind jedoch nur das äußere, für jeden sichtbare Zeichen eines im Körper arbeitenden Zerfalls– und Zerstörungsprozesses. Deshalb sind die ersten plombierten Zähne für Sie Warnsignale. Sie sollten Ihre Ernährungsgewohnheiten überprüfen. Ansonsten können Sie mit Sicherheit davon ausgehen, daß bei einer unveränderten Ernährungsweise nach einigen Jahren andere schwere Zivilisationskrankheiten auftreten werden.

Was Sie tun sollten!

Der Fabrkzucker ist für uns heute zu einem so gewöhnlichen und selbstverständlichen Nahrungsmittel geworden, daß uns gar nicht mehr bewußt ist, wo überall Fabrikzucker enthalten ist. Denn es gilt nicht nur den Haushaltszucker zu vermeiden, sondern auch all die Produkte, in denen Fabrikzucker in mehr oder weniger reichlichem Maße enthalten ist. Hierzu zählen insbesondere Kuchen, Gebäcke, Plätzchen. Aber auch verschiedene Schokoladensorten, Konfekt, Marmelade und die vielen kleinen Naschdinge. Vermeiden Sie am besten alle Arten des Fabrikzukkers vollkommen, weil es Ihnen dann leichter fällt. Nehmen Sie zum Süßen etwas Honig, aber keinen Zucker!

Süßen Sie weniger als bisher und Ihr Verlangen nach Süßem wird schon bald zurückgehen. Damit nutzen Sie Ihrer Gesundheit.

Daß Sie selbst die herrlichsten Süßspeisen ohne Fabrikzucker zubereiten können, beweist dieses schwäbische Kochbuch ganz besonders.

Wie nennt man was?

In Österreich:	In Deutschland:
Abtrieb	schaumig rühren
1 Kilo	1 Kilo
50 dag	500 g
10 dag	100 g
Mittagmahl	Mittagsbrot
Jause	Imbiß
Nachtmahl	Abendbrot
Beize	Marinade
Buchteln	Hefegebäck
Dünsten, Dämpfen	Schmoren
Eidotter	Eigelb
Einbrenne, Einmach	Mehlschwitze
Eingetropftes	Tropfteig
Erdäpfel	Kartoffeln
Frittaten	Ganz dünne Eierkuchen
Gelbe Rüben	Möhren, Karotten
Germ	Hefe
Graupen	Kälberzähne
Gugelhupf	Napfkuchen
Häuptel-Salat	Kopfsalat
Karfiol	Blumenkohl
Kipfler	Nierenkartoffeln
Knödel	Klöße
Kohl	Wirsing
Kohlsprossen	Rosenkohl
Krapfen	Pfannkuchen
Kraut	Weißkohl
Kren	Meerrettich
Lebzelten	Honigkuchen
Marillen	Aprikosen
Nockerln	Spätzle
Obers	Süße Sahne
Orangen	Apfelsinen
Palatschinken	Etwas dickere Eierkuchen
Paradeis	Tomaten
Passiersieb	Durchschlag
Powidl	Pflaumenmus
Rahm	Süße oder saure Sahne
Ribisel	Johannisbeeren
Ringerln	Innereien in Fett anbräunen lassen
Rote Rohne	Rote Beete
Rotkraut	Rotkohl
Saft	Brühe, Sauce, Tunke
Suerkraut	Sauerkohl
Schlagobers	Schlagsahne
Schöberl	Ungesüßtes Biskuit
Schwämme	Pilze
Schmalz	Fett
Semmel	Weißbrötchen
Senf	Mostrich
Sauce	Tunke
Sprosserln	Rosenkohl
Sprudeln (z.B. Chaudeau)	Quirlen
Suppenmehlspeise	Suppeneinlage
Teig auswalken	Teig ausrollen
Topfen	Weißer Käse, Magerquark
Ulmer Gerste	Feine Rollgerste
Zeller	Sellerie
Zwetschgen	Pflaumen
Zibeben	Rosinen

Grundteige

Weintraubenstrudel

Text zum Bild

Strudelteig Grundrezept

Fülle:
50 g (5 dag) Butter
25 g (2,5 dag) Honig
2 Eidotter
3 Eiweiß
20 g (2 dag) Honig
20 g (2 dag) Weizenvollkornmehl
30 g (3 dag) Vollkornsemmelbrösel
Vanille
Zitrone
Zimt
1000 g (100 dag) Weintrauben

Butter und Honig schaumig rühren. Die Eidotter einrühren. Das Vollkornmehl und die Vollkornsemmelbrösel einrühren. Die Gewürze unterrühren. Das Eiweiß mit Honig steif schlagen. Vorsichtig unter die Masse heben. Die Masse 2/3 über den ausgezogenen Teig streichen, den Rand mit Honig bestreichen. Auf die ausgestrichene Masse dicht die Weintrauben verteilen, einrollen, in eine gefettete Wanne legen und bei 200 Grad ca. 30 Minuten backen. Während des backens mit Butter bestreichen.

Marzipan selbstgemacht

200 g (20 dag) Mandeln
16 g (1,6 dag) bittere Mandeln
130 g (13 dag) Honig
2 El Rosenwasser

Die Mandeln mit kochendem Wasser übergießen und abschälen. Etwas trocknen lassen. Dann in einem Mixer sehr breiig mahlen. Mit dem Honig und dem Rosenwasser gut vermengen. Zugedeckt etwa 5 Stunden ziehen lassen.

Text zum Bild

Nockerlteig (Grundrezept)

a) Spätzle (Wasserspatzen)
30 dag (300 g) Weizenvollkornmehl
1 Ei
Vollmeersalz
1/4 l Wasser

Die Zutaten werden rasch zu einem Teig vermengt, so daß er dick vom Löffel reißt. Langes Rühren und Abschlagen macht ihn zäh. Dann wird er durch ein Spätzlesieb (gelochtes Sieb) partieweise in das kochende Salzwasser gedrückt. Wenn die Spätzle schwimmen, werden sie abgeseiht. Mit kaltem Wasser anschließend abschrecken.

b) Nockerl
30 dag (300 g) Weizenvollkornmehl
1 – 2 Eier
Vollmeersalz
1/4 l Milch
2 – 4 dag (20 – 40 g) Butter

Einfache Nockerl:
Weizenvollkornmehl, Vollmeersalz, Milch und Ei sowie das zerlassene Fett werden zu einem weichen Teig verrührt. Daraus werden mit einem kleinen Löffel Nockerl geformt, die man in siedendem Salzwasser ca. 6 Minuten kocht. Die Nockerl können auch mit dem Messer von einem Brett ins Salzwasser eingestreift werden.
Feine Nockerl: (mit mehr Butter und Eiern)
Ein Abtrieb aus Butter und Eiern wird mit den übrigen Zutaten vermengt.

Strudel (Grundrezept)

2 Eier
1/16 l Wasser
2 Eßl. kaltgepreßtes Öl
1 Prise Vollmeersalz
250 g Weizenvollkornmehl

Eier, Öl und Wasser verrühren, nun das Vollkornmehl beimengen. Den Teig kneten, dann schlagen, bis er zart und glatt ist. Nun in einer angewärmten Schüssel etwa 1/2 Stunde ruhen lassen. Entweder dünn mit dem Wellholz auswalken oder kurz auswalken, dann auf ein bemehltes Tuch legen und ihn mit Händen nach allen Seiten dünn ausziehen.

Germteig (Hefeteig) Grundrezept

1/2 kg Weizenvollkornmehl
2 dag (20 g) Germ (Hefe)
3–4 dag (30 – 40 g) Honig
Vollmeersalz
ungefähr 1/4 l Milch
1 – 2 Dotter
5 dag (50 g) Butter
für Süßspeisen Vanille
und Zitronenschale

Zunächst wird ein sogenanntes Dampfel hergestellt. Nach ca. 10 – 15 Minuten, wenn es die doppelte Höhe erreicht hat, nimmt man das leicht angewärmte Weizenvollkornmehl, gibt das Dampfl, zerlassene Butter und die lauwarme Milch, in die man Honig, Vollmeersalz und Eidotter verrührt, dazu und klopft den Teig gut ab, bis er sich vom Löffel und vom Schüsselrand löst. Man bemehlt den Teig und bestreicht ihn mit Fett, damit er keine Kruste bekommt, bedeckt ihn mit einem Tuch und stellt ihn an einen warmen Ort und läßt ihn aufgehen, bis er doppelt so hoch ist. Nach dem Formen in Wecken oder Laibe läßt man ihn nochmals aufgehen und bäckt ihn dann bei 200 Grad ca. 20 Minuten.

Das Wichtigste bei der Germteigbereitung ist die lauwarme Temperatur des Dampfls, des Teiges und der Küche.

Statt süßer Milch kann zur Germteigherstellung auch Molke, saure Milch, Butter verwendet werden.

Die Milchmenge ist von der Mehlbeschaffenheit abhängig. Butter, Butterschmalz und Öl sind die besten Fette.

Ein Dampfl wird folgendermaßen hergestellt:
Man verrührt 2 dag (20 g) Germ (Hefe) mit 1 Tl. Honig und 2 Eßl. lauwarmer Milch, bis es flüssig ist, gibt hierauf 1 Eßl. Weizenvollkornmehl hinzu. Nachdem man das Dampfl glatt verrührt hat, stellt man es zugedeckt an einen warmen Ort. Nach ca. 10 – 15 Minuten ist es aufgegangen.

Folgende Abarten von gewöhnlichem Germteig (Hefeteig) sind gebräuchlich:

1. Der abgetriebene Germteig (Hefeteig)
Die Butter wird verrührt, man gibt Eidotter und Honig dazu, rührt wieder, gibt das Weizenvollkornmehl, das aufgegangene Dampfl, Vollmeersalz und die lauwarme Milch dazu und schlägt den Teig wie gewöhnlichen Germteig ab. Dieser Teig wird überwiegend für den feineren Guglhupf verwendet.

2. Mürber Germteig (Hefeteig)
Zu diesem Teig werden Butter und das Weizenvollkornmehl auf dem Brett abgebröselt, Dampfl, Eidotter und die kalte Milch werden dazugemischt und am Brett abgeknetet. Dieser Teig dient in der Hauptsache zur Herstellung von Kipferln.

3. Germteig mit Schnee (Hefeteig)
Aus Weizenvollkornmehl, Dampfl, Eidotter, Vollmeersalz, Honig und Milch macht man einen so dünnen Teig wie für Omeletten und mischt den fest geschlagenen Schnee von Eiklar darunter. Man stellt den Teig warm, läßt ihn kurz aufgehen und bäckt davon Germomeletten oder böhmische Dalken.

4. Germteig auf kaltem Wege (Hefeteig)
Germ (Hefe) wird in kaltes Weizenvollkornmehl gebröselt, dann werden Honig, Vollmeersalz, Eidotter, zerlassene Butter und kalte Milch dazugegeben, und der Teig wird am Brett fest verarbeitet. Hierauf legt man ihn eine halbe Stunde in kaltes Wasser. Dann wird er ausgewalkt, Formen werden ausgestochen, diese bestreicht man mit Ei und bäckt sie im Rohr.

5. Germblätterteig (Hefeteig)
Auf den fertigen, aufgegangenen, ziemlich festen Germteig legt man einen Butterriegel, schlägt den Teig zusammen und rollt ihn fünfmal nacheinander aus. Auf einem Brett zugedeckt läßt man ihn eine halbe Stunde rasten und verarbeitet ihn dann zu Kipferln, Strudeln und dergleichen.

Die meistverwendeten Füllen: Topfen–, Nuß– und Mohnfülle.

Einfacher Germteig (Hefeteig)

1 kg Weizenvollkornmehl
3 dag (30 g) Germ (Hefe)
5 dag (50 g) Honig
5 dag (50 g) Butter
Vollmeersalz
allenfalls 2 Eidotter
ca. 1/2 l Milch

Mittelfeiner Germteig (Hefeteig)

1 kg Weizenvollkornmehl
4 dag (40 g) Germ (Hefe)
6 dag (60 g) Honig
Vollmeersalz
12 dag (120 g) Butter
1 – 3 Eidotter
ca. 1/2 l Milch

Feiner Germteig (Hefeteig)

1 kg Weizenvollkornmehl
5 dag (50 g) Germ (Hefe)
8 dag (80 g) Honig
15 (150 g) Butter
4 – 6 Eidotter
Zitronenschale
Vanillegewürz
Vollmeersalz
ca. 1/2 l Milch

Mürbteig

ist auf dem Brett zu arbeiten,
als Fett wählt man Butter,
Mengenverhältnis 3 : 2 : 1,
d.h. 30 dag (300 g) Weizenvollkornmehl
20 dag (200 g) Butter
10 dag (100 g) Honig.
Will man Kakao oder Nüsse beimengen,
muß man die Menge der Beigabe
vom Mehlanteil abziehen.

Die Butter wird in das Weizenvollkornmehl geschnitten. Harte Butter ist nach dem Vermischen mit dem Weizenvollkornmehl mit dem Rollholz leicht durchzurollen, mit dem Messer fein zu zerschneiden und mit den Händen rasch und kurz abzubröseln (Mürbteig = Bröselteig).
Die übrigen Zutaten werden dazugegeben und mit möglichst kühlen Händen rasch zu einem Teig verknetet. Der Teig darf nicht lange abgearbeitet werden. Für Mürbteig soll immer glattes Mehl verwendet werden, d.h. also, bei Vollkornmehl sehr fein mahlen. Nach Verarbeitung des Teiges soll er mindestens 1/2 Stunde kühlgestellt werden.

Einfacher Mürbteig

30 dag (300 g) Weizenvollkornmehl
5 – 10 dag (50 – 100 g) Butter
5 dag (50 g) Honig
1 Eidotter
ein wenig Milch oder Wasser
Vollmeersalz
Vanille
Zitronenschale

Mittelfeiner Mürbteig

30 dag (300 g) Weizenvollkornmehl
10 – 15 dag (100 – 150 g) Butter
5 dag (50 g) Honig
1 Eidotter
verschiedene Gewürze
wie Zitronenschale, Zimt,
Nelken, Neugewürz

Feiner Mürbteig

30 dag (300 g) Weizenvollkornmehl
20 dag (200 g) Butter
8 dag (80 g) Honig
2 Eidotter
verschiedene Gewürze

Kartoffelteig (Grundrezept)

1 1/2 kg Kartoffeln
1/2 – 3/4 kg Weizenvollkornmehl
Vollmeersalz
(Die Mehlmenge hängt von der Güte der Kartoffeln ab; bei speckigen und alten Kartoffeln braucht man mehr Mehl, als bei mehligen oder frischen).
1 – 3 Eier
etwas Fett
(Eier und Fett kann man auch ganz weglassen.)

Die Kartoffeln werden entweder gedämpft, gepellt, noch heiß passiert, etwas ausgekühlt oder in erkaltetem Zustand am Reibeisen gerieben und mit den übrigen Zutaten rasch zu einem Teig vermengt, der sofort weiterverarbeitet werden muß. Kartoffelteig kann man kochen, im Rohr oder am Herd im Fett backen. Wird er gekocht, so soll dies stets unzugedeckt erfolgen, und zwar solange bis Knödel oder Nudeln an die Wasseroberfläche kommen.
Geeignet für: verschiedene Arten von Kartoffelknödel, Apfel- Zwetschgen- und Marillenknödeln, Kartoffelschupfnudeln, Kartoffelstrudel usw.

Nudelteig (Grundrezept)

40 dag (400 g) Weizenvollkornmehl
2 Eier
ungefähr 1/10 l Wasser
Mühle: feinste Mahleinstellung

Das Weizenvollkornmehl wird auf das Nudelbrett gehäuft. In der Mitte machen wir eine Mulde. Hier kommen das Ei und etwas lauwarmes Wasser hinzu, mit dem Messer verrühren und dann mit der Hand zu einem festen Teig kneten. Den Teig teilt man in zwei Teile, knetet jedes Teil noch etwas durch und walkt einen Teil nach dem anderen auf dem mit Vollkornmehl bestreuten Brett sehr dünn aus. Diese Flecken läßt man auf dem Brett liegen, bis sie getrocknet sind. Daraus schneidet man Nudeln in der gewünschten Breite oder Fleckerl. Dieses Rezept ist auch für Kärntner Nudeln und Kranznudeln geeignet. Nudelteig soll nicht gesalzen werden, weil er dadurch besser trocknet und haltbarer ist.

Biskuitteig (Grundrezept)

6 Eidotter
10 dag (100 g) Honig
6 Eiklar
12 dag (120 g) Weizenvollkornmehl
Prise Vollmeersalz
Vanille
Zitronenschale

Es gibt verschiedene Zubereitungen.

1. Einfachste Art:
Honig und Eidotter schaumig rühren, den von Eiklar festgeschlagenen Schnee und das Weizenvollkornmehl locker daruntermischen.

2. Biskuitteig kann warm geschlagen werden. Dazu werden ganze Eier und Honig entweder am Herdrand oder über Dunst dickschaumig geschlagen, und das Weizenvollkornmehl wird leicht eingemischt.

3. In den fertigen Biskuitteig wird tropfenweise zerlassene, überkühlte Butter eingemischt. Der Biskuitteig wird dadurch mürber und läßt sich namentlich bei Verwendung zu Biskuitrollen leicht zusammenrollen.

Soll der Teig nach dem Backen gerollt werden, so muß er auf ein gut gefettetes Blech gestrichen werden und bei 200 Grad ca. 10 Minuten gebacken werden. Er darf nicht zu braun sein, sonst läßt er sich nicht mehr rollen. Nach dem Backen sofort stürzen und in ein Handtuch rollen. Auskühlen lassen.

Als Tortenboden in eine gut gefettete Springform füllen und ca. 20 – 30 Minuten bei 200 Grad backen. Auskühlen lassen und dann zum Füllen 1mal durchschneiden.

Tropfteig (Grundrezept)

40 dag (400 g) Weizenvollkornmehl
1 – 3 Eier
1/2 – 3/4 l Milch
Vollmeersalz

Milch, Eier und Vollmeersalz werden verquirlt, zum Weizenvollkornmehl gegeben und glatt verrührt. Wird der Tropfteig aus Fett gebacken, so ist es gut, etwas Alkohol dazuzugeben. (Teig saugt dann weniger Fett.)
Geeignet für: Palatschinken, Gemüseomeletten, Apfelradeln, Gebackenen Holler, Gebackene Brennesselblätter usw.

Biotrainingsurlaub in Österreich

Was ist Biotraining?

Die Idee des Biotrainings im Urlaub soll helfen, sich gesamtkörperlich voll in Schuß zu bringen. Die drei Säulen des Biotrainingsprogramms:

- Die angepaßten Aktivitäten des Aufbautrainings wie Laufen, Radfahren, Schwimmen oder Wandern. Ein Trainingsfahrplan soll helfen, seine Leistungsdaten auch in verhältnismäßig kurzer Zeit spürbar zu verbessern.
- Die Österreichische Naturküche: Kräftig, jedoch fettarm, reich an Vitaminen, Mineralien und Spurenelementen. Entschlackend und gewichtsreduzierend, dennoch ein wahres Vergnügen für das Auge und den Gaumen!
- Die geistig-seelisch/kreative Komponente.

Ideal ist der Biotrainingsurlaub für alle Menschen, die das Gefühl haben, nicht genug für ihren Körper zu tun. Für alle, die ihren privaten und beruflichen Aufgaben gerecht werden wollen, ohne die Gesundheit zu kurz kommen zu lassen. Der Biotrainingsurlaub ist für jene gedacht, die schon bei sich zu Hause nach den Regeln der Fitness und der gesunden Küche leben und diese Praxis auch im Urlaub weiterführen wollen und für jene, die ganz einfach einmal in alternativen Lebensformen hineinschnuppern wollen: Autogenes Training, Cooper-Test und Vollwertkost laden ein zum Kennenlernen!

Der Biotrainer als Drehscheibe

In speziellen Fachkursen ausgebildet, ist der Biotrainer sorgfältig darauf vorbereitet, dem biointeressierten Gast in Österreich das neue Spezialangebot nahezubringen.
Besonders hervorgehoben sollte eine wichtige Aufgabe des Biotrainers werden: Er ist es, der die Zeit hat, mit dem Biotrainingsgast ein vorbereitendes Gespräch für das kurärztliche Checkup zu führen. Wenn es darum geht, entsprechend Fitness, Lust und Können ein individuelles Aufbautrainingsprogramm aufzustellen, ist es wiederum der Biotrainer. Er kennt die für den Gast optimalen Laufstrecken, weiß, welche Wanderrouten zu leicht oder zu schwer sind und welche Radelroute man am günstigsten wählt.
Der Biotrainer ist die Drehscheibe für die Unzahl jener Spezialideen und -angebote, die der Biotrainingsgast in Österreich konsumieren kann - er weiß alles über den nächsten Brotbackkurs, mit ihm geht man Kräuter sammeln, er arrangiert die nächste Diskussionsrunde oder den nächsten Ausflug zum Biobauern.

Der Biotrainingspaß

Von besonderer Bedeutung für einen erfolgreichen Trainingsverlauf ist die Kontrolle der eigenen Leistung. Ein Gesundheitsdokument, das diese Aufgabe erleichtert, ist der Biotrainingspaß. Für eine ganze Reihe von Trainingsaktivitäten kann man außerdem Punkte sammeln, für die es dann ein Leistungsabzeichen in Bronze, Silber oder Gold bzw. als höchste Anerkennung für dreimal Gold das große goldene Biotrainingsdiplom gibt.

Die österreichische Naturküche

Die Ernährung ist einer der Hauptpfeiler der Biotrainingsidee. Als Basis der hier empfohlenen Ernährungsrichtlinien gilt die lacto-vegetabile Vollwertkost, die als international verbreitetes und medizinisch abgesichertes Nahrungs- und Kochmodell auf Dr. Bruker, Bircher-Brenner, Werlandt, Dr. Kollath und Prof. Wendt zurückgeht. Willi Dungl, der bekannte österreichische Sportmasseur, hat diesen Ernährungsansatz in eine auch gastronomisch umsetzbare Form gebracht. 9 Regeln wurden aufgestellt, nach denen ein gastronomischer Betrieb diese neue Kost leicht in sein Programm einbauen kann. Unter dem Namen *"Österreichische Naturküche"* wird sie unseren Gästen aus aller Welt angeboten.

Und dies sind nun jene *Regeln,* nach denen die Österreichische Naturküche zubereitet wird:

1. Ersetzen des Industriezuckers durch Honig, Birnendicksaft, Malz oder durch Untermischen süßer Trockenfrüchte.
2. Ersetzen der Auszugsmehle (weiß, grau) durch möglichst frisch vermahlene Vollkornprodukte.
3. Verwenden von kalt geschlagenen oder kalt gepreßten Fetten (z.B. Distelöl, Leinöl, Butter), möglichst fettarme Zubereitung. Erhitzen zerstört fettlösliche Vitamine.
4. Vor den Hauptmahlzeiten: Rohkost, Salat, Obst als Nachtisch.
5. Möglichst schonende Zubereitung des Gemüses durch Dämpfen. Aufwärmen vermeiden - es vermindert die biologische Qualität. (GARTENFRISCHE IST TRUMPF)
6. Fleischliches Eiweiß möglichst durch Milcheiweiß, pflanzliches Eiweiß (Hülsenfrüchte, Soja) und im beschränkten Ausmaß durch Fischsorten ersetzen.
7. Chemisch konservierte und künstlich veränderte Produkte sind zu vermeiden.
8. Zum Frühstück: Vollkornmüsli aus frisch geschrotetem Weizen, Leinsamen, aufgeweichten Trockenfrüchten und frisch geriebenem Apfel oder anderem Frischobst. Vollkornbrot, magere Milchprodukte, Kräutertee.
   Zum Abendessen: Leicht verdauliche Kost wie Salate, Gemüsesuppen, Kartoffeln, magere Milchprodukte usw.
9. Würzen je nach Geschmack, aber weitgehend salzarm. (Nachsalzen kann man immer noch!) Kräuter zum Würzen bevorzugen.

Die 18 österreichischen Biotrainingsorte stellen sich vor:

Aflenz - Kurort, Steiermark
Luftkurort und heilklimatischer Kurort am Fuße des Hochschwab. Neue Kneippkuranstalt (selbständiges Ambulatorium) und Saunaanlage. Tennisplätze. Im Biotrainingsangebot (mit Österreichischer Naturküche) ist ein komplettes Kur-, Sport- und Freizeitprogramm vorgesehen.
Kurverwaltung Aflenz - Kurort, A-8623 Aflenz - Kurort, Telefon (3861) 2265

Baden, Niederösterreich
Liegt von allen Biotrainingsorten Wien am nächsten (26 km). Baden besitzt eine 2000jährige Kurgeschichte: Tradition und modernste Kurmethoden vereinen sich hier in idealer Weise.
Kurdirektion der Stadt Baden, A-2500 Baden b. Wien, Hauptplatz 2/1, Telefon (2252) 4470, Telex 14474

Bad Goisern, Oberösterreich
Die traumhaft schöne Landschaft rund um den Biotrainingsort gilt als Oase der Ruhe. Die beiden sportlichen Schwerpunkte Radwandern und Bogenschießen ergänzen ein ausgewogenes Trainingsprogramm. Das Wassersportangebot steuert der Hallstättersee bei.
Kurverwaltung Bad Goisern, A-4822 Bad Goisern, Telefon (6135) 329, Telex 68168

Bad Hall, Oberösterreich
Terrainkuren, sportliche Spezialprogramme und Kochkurse zur Österreichischen Naturküche gehören neben einem starken psychologischen Trainingsteil zu den Bad Haller Spezialitäten.
Kurverwaltung, A-4540 Bad Hall, Postfach 18, Telefon (7258) 2031-0, Telex 28277

Bad Hofgastein, Salzburger Land
Einer der profiliertesten Kurorte Österreichs. Das professionell aufgebaute Biotrainingsangebot erhält seine besondere Note durch das überreiche Bad Hofgasteiner Gesundheits-, Sport- und Wanderprogramm.
Kurverwaltung, A-5630 Bad Hofgastein, Telefon (6432) 482, Telex 67796

Bad Schönau, Niederösterreich
Fernab des breiten Touristenstroms liegt Bad Schönau in einer parkähnlichen Kulturlandschaft. Das programmierte Aufbautraining wird durch ein komplettes, modernst ausgebautes Kurmittelangebot unterstützt.
Kurkommission, A-2853 Bad Schönau, Kurhausstr. 8, Telefon (2646) 2389

Bad Tatzmannsdorf, Burgenland
In diesem Modellort der Biotrainingsidee wird auf ein optimales Naturküchenangebot, trainingsgerechte Aufbausportstätten und mit der Lebensschule Josef Kirschners auf den seelisch-geistigen Aspekt großer Wert gelegt.
Kurverwaltung, A-4731 Bad Tatzmannsdorf, Telefon (3353) 284

Bad Zell, Oberösterreich
Heilkräuterwanderungen und Kochkurse sowie Kurse für Hinterglasmalerei, Kerbschnitt, Bauernmalerei und Emaillieren bilden den einen Schwerpunkt, ein psychologisches Trainings- und Entspannungsprogramm unter fachlicher Leitung den anderen.
Kurverwaltung, A-4238 Bad Zell, Telefon (7263) 516

Die 18 österreichischen Biotrainingsorte stellen sich vor:

Gmunden, Oberösterreich
Freunde des Wassersports kommen am Traunsee, einem der saubersten Seen Österreichs, voll auf ihre Rechnung. Wanderziele bieten die romatische Landschaft und die vielen Kulturgüter der Gegend. Alle Biotrainingseinrichtungen vorhanden.
Kurverwaltung, A-4810 Gmunden
Telefon (7612) 4305

Therme Loipersdorf, Steiermark
Eines der mineralreichsten Heilwässer Europas verläßt mit 62 Grad die Erde und wirkt bei jung und alt wahre Wunder. Durch die unverfälschte, beruhigende Landschaft ein echtes steirisches Gesundheitskleinod.
Thermalquelle Loipersdorf, A-8282 Loipersdorf,
Telefon (3382) 8250, 8251

Millstatt, Kärnten
Auf dem nebelfreien Sonnenplateau oberhalb des Millstättersees gibt es eine besonders familiäre Form des Biotrainings. Kinderfeste und Kärntnerlieder-Abende stehen im Programm. Das Ozonhallenbad ist in der Nebensaison für Biotrainingsgäste gratis.
Kurverwaltung, A-9872 Millstatt, Telefon (4766) 2022

Reichenau an der Rax, Niederösterreich
Seinerzeit die Sommerfrische des Kaiserhofes, heute ein dynamischer Kurort. Volles Sportprogramm, autogenes Training, Akupunktur, Malkurse. Mehrere Gastbetriebe sind auf die Österreichische Naturküche eingestellt.
Kurverwaltung, A-2651 Reichenau, Hauptstraße 57,
Telefon (2666) 865

Kneipport St. Koloman, Salzburger Land
Biotrainingsfreunden, die von der Kneippidee herkommen, sehr zu empfehlen. Selbstgebackenes Vollkornbrot und eine Spezialisierung auf die verschiedensten Milchprodukte bilden einen Schwerpunkt des Naturküchen-Angebots. Gymnastik, Tautreten, ausgedehnte Gesundheitswanderungen.
Verkehrsverein, A-5423 St. Koloman,
Telefon (6241) 222

St. Wolfgang im Salzkammergut, Oberösterreich
Gleich einige der alteingeführten Häuser haben die Österreichische Naturküche auf der Speisekarte, wie überhaupt das gesamte Biotrainingsprogramm hier besonders engagiert angeboten wird.
Kurdirektion, A-5360 St. Wolfgang,
Telefon (6138) 239, Telex 68164

Seefeld in Tirol
Ein komplettes Sport- und Freizeitprogramm von Golf bis Spielcasino, von Reiten bis Nachtleben zeichnen den Ort am lieblichen Seefelder Hochplateau aus. Ergometer-Fitnesstest, vorsichtiges Aufbautrainingsprogramm, autogenes Training, Yoga.
Fremdenverkehrsverband, A-6100 Seefeld,
Telefon (5212) 2313, 2316, Telex 53452

Semmering, Niederösterreich
Traditionsreicher Luftkurort 90 km südlich von Wien. Im Biotrainingsprogramm sind die Österreichische Naturküche und ein individuell abgestimmtes Sportprogramm ebenso enthalten wie "Aktives Erwachen".
Kurverwaltung Semmering, A-2680 Semmering,
Telefon (2664) 326

Die 18 österreichischen Biotrainingsorte stellen sich vor:

Warmbad Villach
Im südlichsten Heilbad Österreichs werden besonders die heilend und regenerierend wirkenden Quellgase geschätzt, die sich auch günstig auf den Alterungsprozeß auswirken. Hauseigene Landwirtschaft nach den Prinzipien des biologischen Anbaus. Eigenes Kosmetik-Center.
Fremdenverkehrsförderungsverein, A-9504 Warmbad Villach
Telefon (4242) 25501-0, Telex Warmbad 45583

Zell am See
Volles Wassersport- und Freizeitprogramm. Spezialitäten: Reittherapie für Wirbelsäulengeschädigte, ausgeschilderte Gesundheitspfade, ständige Betreuung durch ein Ärzteteam. Interessant auch die Klimaschaukel von 700 auf 2000 Meter.
Kurverwaltung, A-5700 Zell am See,
Telefon (6542) 2600

Österreich

Das Land der Berge bietet auf dem kulinarischen Gebiet besonders viel Abwechslung. Kaiserschmarrn und Nockerln sind wohl die bekanntesten Gerichte – ausgereizt ist Österreichs Küche damit noch lange nicht.

Kaum ein anderes Land bietet auf kulinarischem Gebiet so viel Abwechslung wie Österreich mit seinen elf Bundesländern, die alle ihre Eigenheiten in der Küche zu bieten haben.

Kaiserschmarrn

Text zum Bild

20 dag (200 g) Weizenvollkornmehl
Vollmeersalz
ca. 1/4 l Milch
4 Eidotter
4 dag (40 g) Butter
4 dag (40 g) Honig
4 Eiklar
4 dag (40 g) Rosinen
1 Eßl. Rum
Evtl. kann man dem Teig einen Eßl. flüssigen Obers beifügen
Butter zum Ausbacken

Das frischgemahlene Weizenvollkornmehl, Vollmeersalz und die Milch glatt verrühren, nach und nach Eidotter, zerlassene Butter (evtl. mit Rum befeuchtete Rosinen) dazugeben und den mit Honig ausgeschlagenen Schnee leicht unterheben. Teig in die heiße Butter eingießen (1 cm hoch), die Unterseite goldgelb backen, wenden, ebenfalls backen und mit zwei Gabeln zerreißen und anrichten.
Beilage: Zwetschkenröster

Zwetschkenröster

50 dag (500 g) Zwetschken
15 dag (150 g) Honig
1/8 l Wasser
1 St. Zimtrinde
1 Gewürznelke
Schale einer unbeh. Zitrone

Zwetschken halbieren und entkernen. Wasser, Honig und Gewürze aufkochen, die Zwetschken dazugeben und unter ständigem Rühren mit dem Kochlöffel solange kochen, bis die Früchte weich sind und die Schale sich von den Früchten zu lösen beginnt.

ÖSTERREICH
SCHWEIZ

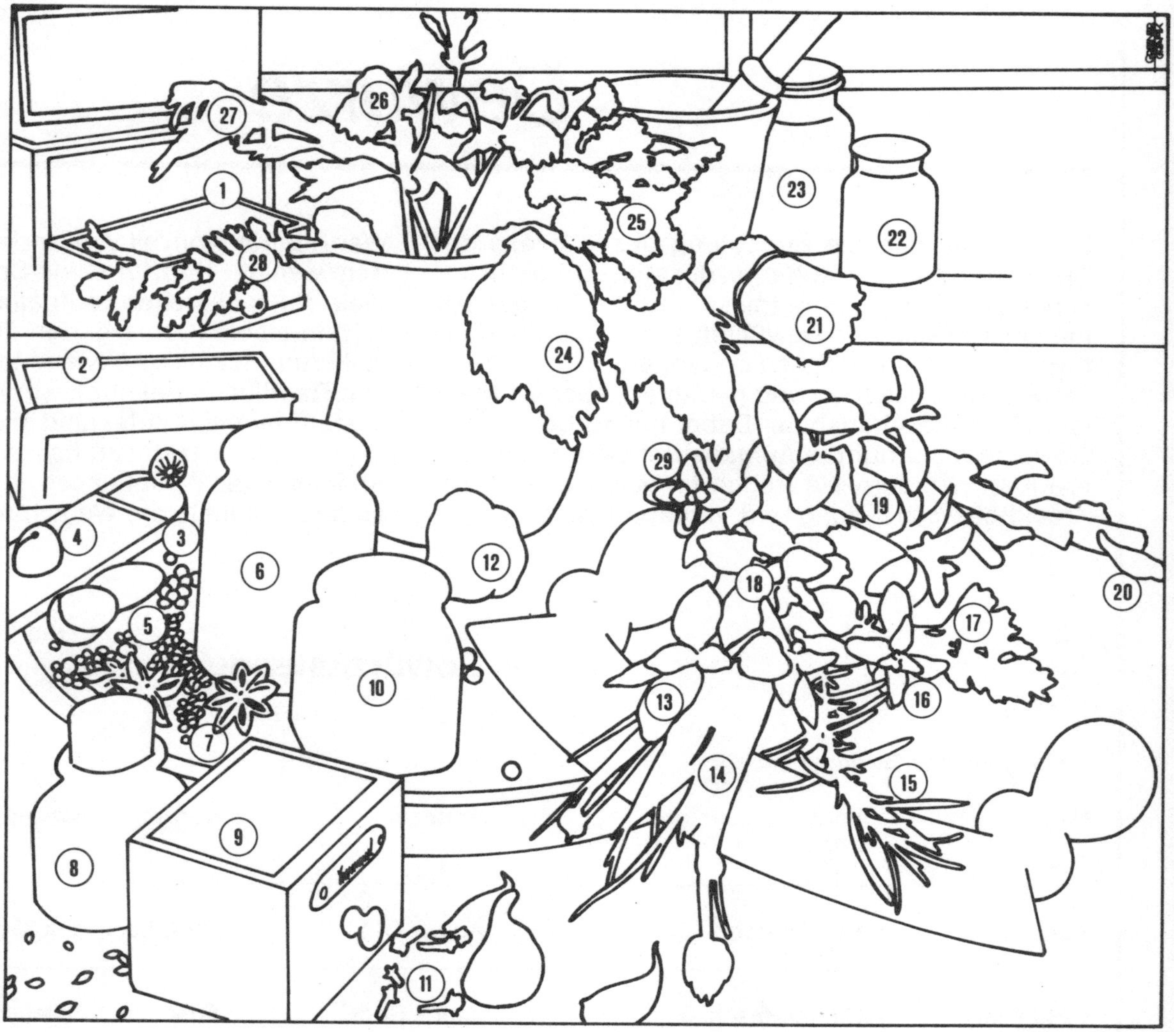

1) Kardamom
2) schwarzer Pfeffer
3) Wacholderbeeren
4) Muskatnuß
5) Koriander
6) Paprikapulver
7) Sternanis
8) grüner, gemahlener Pfeffer
9) Kümmel
10) weißer Pfeffer
11) Nelken
12) Knoblauch
13) Basilikum
14) Schnittlauch
15) Rosmarin
16) Oregano
17) Petersilie
18) Salbei
19) Pfefferminze
20) Ingwerwurzel
21) Zimtstangen (Kassia)
22) Fenchelsamen
23) Pimentkörner
24) Dill
25) Dillkrone
26) Borretsch
27) Estragon
28) Pimpinelle
29) Majoran

Gewürze

Das Wissen und die Bedeutung des Würzens der Speisen ist ein altes Kulturgut der Menschheit. In unserer Zeit sind die Kenntnisse und die Fähigkeiten mit einer Vielzahl an Gewürzen schmackhafte Nahrung zu bereiten, verloren gegangen.
Es wird zwar gesalzen und gepfeffert, aber ein Mehr ist schon die Ausnahme. Dabei haben gerade die Gewürze nicht nur die Aufgabe der Geschmackabrundung, sondern sie tragen im wesentlichen zur Krankheitsvorbeugung und Verdauungskraft bei.

Wer Kräuter sinnvoll verwendet, der braucht außerdem weniger Salz für seine Speisen.
Viele der nachstehend aufgeführten Gewürze lassen sich in einem Kräutergarten (für die bäuerliche Bevölkerung leicht zu bewerkstelligen, wobei an eine alte Tradition angeknüpft wird) oder aber in Balkonkästen ziehen. Kräuter sind in der Regel anspruchslos und daher leicht zu halten.
Aber auch als Wildpflanzen finden wir das eine oder andere Kräutlein am Wegesrand.

Kleiner Gewürzkalender

I. Einheimische Gewürze

Name	Verwendbarer Pflanzenteil	Erntezeit	Verwendungszweck
Anis	Reife Frucht	Aug. – Okt.	Brot, Backwerk, Gemüse, Gurken, Saucen
Basilikum	Blätter, frisch und getrocknet	Juni – Sept.	Frischkost, Salat, Saucen
Bohnenkraut	Kraut vor der Blüte, frisch und getrocknet	Juli – Sept.	Suppen, Salat, Käse

Borretsch	Blätter und Blüten, frisch	Mai – Okt.	Frischkost, Salat, Gurken, Saucen
Dill	Kraut, Blätter, Früchte, frisch	Mai – Sept.	Frischkost, Salat, Pilze, Gurken, Saucen
Estragon	Kraut, Beginn der Blüte, frisch und getrocknet	Mai – Okt.	Suppen, Salat, Gurken, Saucen, zum Einmachen
Fenchel	Frisch: halbreif; getrocknet: reif	Juli – Okt.	Frischkost, Backwerk, zum Einmachen
Knoblauch	Blätter, Zwiebel, frisch	Juli – Sept.	Suppen, Salat, Gemüse
Koriander	Früchte, getrocknet	Aug. – Sept.	Saucen, Frischkost, Backwaren
Kümmel	Frisch: Kraut; getrocknet: Früchte	März – Juli Juli – Sept.	Suppen, Saucen, Salat, Gemüse, Käse, Backwaren
Liebstöckel	Kraut, Wurzel, frisch u. getrocknet	Juni – Aug. März – Nov.	Suppen, Saucen, Salat, Gemüse, zum Einmachen
Majoran	Kraut, Beginn der Blüte, getrocknet	Mai – Sept.	Saucen, Salat, Gemüse
Melisse	Blätter, frisch und getrocknet	Mai – Aug.	Salat, Suppen, Saucen, Frisch- und Diätkost
Petersilie	Kraut frisch und getrocknet, Wurzel frisch	Mai – Nov. Okt. – April	Suppen, Saucen, Salat, Gemüse, Kartoffeln

Rosmarin	Blätter, frisch und getrocknet	April – Aug.	Saucen, Frischkost, Salat
Safran	Narben, getrocknet	Sept. – Okt.	Suppen, Nudeln, Backwaren, Käse, Butter
Salbei	Blätter vor der Blüte, frisch und getrocknet	Mai – Okt.	Salat
Schnittlauch	Kraut, frisch	April – Okt.	Suppen, Saucen, Salat, Kartoffeln, Quark, Butterbrot
Senf, schwarz	Samen in der Reife	Juni – Sept.	Suppen, Saucen, Gurken
Thymian	Kraut in der Blüte, frisch und getrocknet	April – Okt.	Saucen, Salat, Kartoffeln
Waldmeister	Kraut vor der Blüte, frisch und getrocknet	März – Mai	Salat, Süßspeisen, Getränke, Backwerk
Wacholderbeere	Früchte reif und getrocknet	Juli – Okt.	Gemüse und zum Einmachen

II. Exotische Gewürze

Name	Verwendbarer Pflanzenteil	Verwendungszweck
Gewürznelke	Getrocknete Blütenknospen, Fruchtstiele	Gemüse, Kompott, Gebäck, zum Einmachen (eingelegte Früchte)

Ingwer	Wurzelstock, getrocknet, geschält, ungeschält, eingemacht	Kuchen, Gebäck, Gemüse, Eingemachtes (Birnen, Kürbis), Obstsalat
Kapern	Grünliche, gewöhnlich eingemachte Blütenknospen	Salate, Gemüse, Soßen
Kardamom	Kapseln und Früchte	Gebäck (Lebkuchen, Gewürzgebäck)
Lorbeer, edler	Blätter	Kartoffelsuppe, zum Einmachen
Macis	Samenmantel der Muskatfrucht	Gebäck (Stollen)
Muskatnuß	Samenkerne der Muskatfrucht	Suppen, Gemüse, Klöße, Soßen (besonders zum Blumenkohl, Rosenkohl, Stollen, Striezel). Sehr sparsam verwenden!
Nelkenpfeffer (Piment)	Beerenartige Früchte, ganz oder gemahlen	Verschiedene Speisen, besonders in Lebkuchen, Gewürz für Suppen, Soßen, Gebäck.
Paprika, spanischer Pfeffer	Schoten, Samen (getrocknet und gepulvert	Eintopf, Kartoffeln, zum Einmachen.
Pfeffer	Reife Früchte liefern den weißen Pfeffer; unreife grüne Früchte liefern getrocknet schwarzen Pfeffer	Verschiedene Speisen. Sparsam verwenden!
Vanille	Früchte (Schoten), noch grün geerntet	Süßspeisen, Gebäck, Eis.
Zimt, Kaneel	Getrocknete Rinde in Röhren oder gepulvert	Süßspeisen, Dickmilch, Gebäck, Obstkuchen, als Wasser-Tinktur, Sirup oder Öl zur Magenstärkung und Drüsenanregung.

Wildpflanzen für Frühlingssalate

Gänseblümchen

kann man essen. – Doch sollte die Wiese noch natürlich sein. Die inneren jungen Blätter der Rosetten können das ganze Jahr über für die Küche gesammelt, roh oder als Zugabe zu Spinat verwendet werden. Die Knospen und die sich eben öffnenden Blüten schmecken angenehm nußartig und gelten – in Estragonessig eingelegt – als fast gleichwertiger Ersatz für Kapern.

Brunnenkresse

Man findet sie oft in Massen an Bachufern und Quellen. Der Geschmack ist rettichähnlich scharf. Gesammelt wird sie zwischen März und Mai und dann wieder zum Jahresende zwischen November und Dezember.

Breitwegerich

Ein "Unkraut". Als Beigabe zu Salatmischungen verleihen die ganz jungen inneren Blätter durch ihren herben Geschmack, diesem eine besonders herzhafte Note. Doch ist dies nicht jedermanns Sache.

Spitzwegerich

Auch der Spitzwegerich gilt allgemein als "Unkraut". Doch die jungen Blätter, solange sie noch keine Blattnerven haben (Ende März), können als Salate Verwendung finden. Darüber hinaus geben alle Wegericharten gute Gemüse und Suppen ab. Der Geschmack ist leicht salzig und herb.

Brotaufstrich mit Frühlingskräutern

1/4 kg Topfen
1/8 l sauren Rahm
und den Saft einer 1/4 Zitrone
etwas Honig
1 Prise Salz
Pfeffer

Kräuter:
1 Tl Bärlauch (Wildknoblauch)
Gänseblümchenblätter
Geißfuß
Spitzwegerichblätter

Je nach Belieben werden die angeführten Wildkräuter kleingehackt (soviel wie zwischen 2 Finger geht) mit den nebenstehenden Zutaten verarbeitet. Das Ganze mit hartgekochten Eiern garnieren.

Naturbelassene Öle und Fette erhalten Ihre Gesundheit

Viele Menschen glauben, sie würden abnehmen, wenn sie von Butter auf Margarine umsteigen oder Fett weitestgehend meiden.
Entscheidend ist jedoch beim Fett weniger die Menge oder Art als seine Lebendigkeit.
Prof. Kollath stufte ein Öl, welches durch normale, kalte Pressung aus der Ölfrucht gewonnen wurde, als Lebensmittel und somit als gesund ein. Ebenso die Butter, die aus unerhitzter (unpasteurisierter) Milch gewonnen wird.
Diese Art Fett versorgt die Menschen seit Jahrtausenden mit den lebensnotwendigen fettlöslichen Vitaminen und den ungesättigten Fettsäuren.
Doch auch hier griff der Mensch in seiner Unwissenheit ein und veränderte das Lebensmittel zur Konserve.
Idealerweise wird die Ölfrucht, z.B. der Sonnenblumenkern, frisch geerntet, gepreßt und das herausfließende Öl in lichtgeschützten Gefäßen gelagert. Da dieses Lebensmittel ranzig werden kann, ist es zum alsbaldigen Verbrauch bestimmt.
Um Vorratswirtschaft betreiben zu können und gleichzeitig den Ertrag zu steigern, verfiel die Industrie auf den Gedanken, die Ölfrucht vor der Pressung zu erhitzen. Das Öl wird dünnflüssiger und dadurch kann eine höhere Ausbeute erzielt werden. Dies wäre ja noch gegangen, aber es blieb immer noch zuviel Öl in den Restteilen der Ölfrucht zurück. Und so machte man sich folgende Überlegung zunutze: Wenn Sie einen Fettfleck in Ihrer Kleidung haben, wie können Sie ihn herauslösen? Richtig, durch die Behandlung mit einem Lösungsmittel. So verfiel denn auch die Industrie auf den Gedanken der *Lösungsmittelextraktion.* Bei diesem Verfahren wird das *gesamte Fett* aus der Ölfrucht *herausgelöst.* Diesem Vorteil stehen aber logischerweise schwerwiegende gesundheitliche Nachteile gegenüber.
Es können nicht nur nachweisbare Spuren von Fremdstoffen in den Ölen zurückbleiben, *sondern es gehen auch wichtige Vitalstoffe bei diesem eingreifenden Verfahren verloren.* Können Sie sich ausmalen, was nach einer Vakuumdestillation und Laugenraffination, einer Bleichung, Desodorierung (Geruchsfreimachung), Blankfiltration und dem Zusatz eines künstlichen Farbstoffes noch von dem ehemaligen Lebensmittel Öl an Leben vorhanden ist? Nichts mehr, es ist *tot.*
Vertrauen Sie daher wieder den naturbelassenen

Naturbelassene Öle und Fette

Ölen und Fetten. *Nicht die Fette machen dick, sondern ein gestörter Stoffwechsel, der auch durch die Fabrikfette, den Fabrikzucker und die Auszugsmehle verursacht wird.*
Diesem Risiko gehen Sie aus dem Weg, wenn Sie sich mit Lebensmitteln ernähren, in die der Mensch so wenig wie möglich eingegriffen hat. Krankmachende Eigenschaften sind dann weitestgehend ausgeschlossen.
Bei der Beschreibung der Fabrikfette ist Ihnen sicherlich bewußt geworden, daß Sie ab sofort Ihren Salat nur noch mit kaltgepreßten Ölen anmachen sollten. Nur so garantieren Sie sich die Versorgung mit fettlöslichen Vitaminen und den ungesättigten Fettsäuren, die lebensnotwendig sind und entscheidend zur Gesunderhaltung beitragen.
Auch die Butter gilt als gesund, obwohl sie in der Regel aus erhitzter Kuhmilch gewonnen wird.
Die Butter soll krankmachen, den Cholesterinspiegel erhöhen und ein Risikofaktor für Herzinfarkt und Arteriosklerose sein.
Welche Alternative gibt es denn Ihrer Meinung nach als Brotaufstrich? Margarine? Sie haben ja gelesen, was mit den Ölen in der Regel geschieht, bis sie Ihnen als Streichfett angeboten werden. Jetzt sind sie zwar billig, aber gesund sind sie nicht mehr.
Warum sollte aber die Butter, die schon seit Jahrtausenden verzehrt wird, krankmachen?
Wirtschaftliche Interessen spielen auch hier eine große Rolle. An Milch wird sehr wenig verdient. Genauso ist es mit der Butter. Fabrikatorisch hergestellte Nahrungsmittel enthalten attraktivere Spannen. Um diese Produkte jedoch zu verkaufen, muß Werbung betrieben werden. Warum sollte ein Verbraucher aber von einem Produkt, das er gewohnt ist und das in Notzeiten sogar als Grundnahrungsmittel gilt, auf ein anderes Produkt umsteigen? Da müssen schon handfeste Gründe her. Und die lieferte die Wissenschaft, weil sie es nicht besser wußte. So auch beim Fabrikzucker, dem Auszugsmehl, den Düngemitteln, den Spritzgiften, dem Atomstrom usw.
Butter kam urplötzlich ins Gerade, und da sich Gerüchte gerne ausbreiten, sitzen auch heute noch viele Fehlinformationen in Ihnen fest.
Aber lassen Sie sich nicht bange machen – essen Sie ruhig wieder Butter.
Vollwertkost richtig verstanden, bedeutet eine Fülle von Möglichkeiten, pikante und auch für das Auge köstliche Speisen zuzubereiten. Schon beim Durchlesen dieses Kochbuches wird Ihnen das Wasser im Munde zusammengelaufen sein.

Soßenrezepte

1. 4 El Olivenöl, 1 El Rotweinessig, 1 Tl Senf extra scharf, 1 zerdrückte Knoblauchzehe, 1/2 Tl geschroteter schwarzer Pfeffer und etwas Meersalz mit dem Schneebesen binden.

2. 3 El Sonnenblumenöl, 1 El Rotweinessig, 1 ganz fein gehackte Charlotte, 1 Tl Tomatenmark, 1/2 Tl Honig, weißer Pfeffer, Vollmeersalz mit dem Schneebesen binden. 1 El frisches Basilikum zugeben.

3. 3 El Pflanzenöl, 1 El Walnußöl, 1 El Weißweinessig, 1/2 Tl süßer Senf, 1 El Tomatenmark, weißer Pfeffer, Vollmeersalz vermischen, je 1 El Petersilie und Kerbel zugeben.

4. 3 El Pflanzenöl, 1 El Haselnußöl, 1 El Obstessig, weißer Pfeffer, Vollmeersalz nur verrühren.

5. 3 El Sahnequark, 1 El trockener Weißwein, 1 Tl mittelscharfer Senf, 1/2 Tl Kümmel, 1/2 Tl geschroteter weißer Pfeffer, 1 Spritzer Tabasco, 1 Prise Vollmeersalz, je 1 Tl gehackte Petersilie und Schnittlauch verrühren.

6. 1/2 Becher Joghurt, dazu 1 El Tomatenmark, 1 Tl Pistazien, 1 Tl Kapern, 3 zerdrückte Nelkenpfefferkörner, 1 Spritzer Worcestersoße, schwarzer Pfeffer, etwas Vollmeersalz, alles gut vermengen.

7. 2 El Olivenöl, 1 El Weißweinessig, etwas Zitrone, 2 hartgekochte Eier, 1 Tl Thymian, 1/2 Tl Kräuter der Provence, 1 Charlotte, 1/2 Knoblauchzehe und 1/2 Tl scharfer Senf im Mixer zu einer sämigen Soße pürieren.

Kräuter–Salatsoße

1/8 ltr. Rahm (süße Sahne)
2 Tl. Zitronensaft
1 zerdrückte Knoblauchzehe
1 kleine, feingehackte Zwiebel
1 Tl. Vollmeersalz
1 Messersp. Cayennepfeffer
1 Messersp. Ingwerpulver
4 Eßl. gem. frischgehackte Kräuter (Petersilie, Schnittlauch, Borretsch, Dill, Zitronenmelisse, Estragon)

Der Rahm wird mit dem Zitronensaft, der zerdrückten Knoblauchzehe und der sehr feingehackten Zwiebel vermischt, dazu kommen die Gewürze und zum Schluß die feingehackten Kräuter. Die Kräuter–Salatsoße ist hervorragend geeignet für sämtliche Blatt- und Gemüsesalate.

Pikante Salatsoße

1/8 l Sauerrahm
2 Tl. Obstessig
1 feingehackte Zwiebel
2 Eßl. feingehackte Sellerieknolle
1/2 feingehackte Paprikaschote
1 kleine, feingehackte Essiggurke
1 Tl. scharfer Senf
1 Tl. Vollmeersalz
1/2 Tl. weißer Pfeffer

Den Sauerrahm mit dem Essig verrühren und dann die Zwiebel, Sellerieknolle, Paprikaschote und Essiggurke zusetzen. Zum Schluß Senf, Salz und Pfeffer zugeben, nochmals gut verrühren und gut kühlen. Diese Salatsoße paßt zu kräftigen Blattsalaten.

Majonaise

1 Eigelb
1 Prise Vollmeersalz
1 El Zitronensaft
1/2 Tl Honig
1 El Öl
1 El Magerquark

Eigelb, Vollmeersalz, Zitrone, Honig verrühren. Öl tropfenweise zugeben und nach und nach den Quark. Alles glatt rühren. (Für empfindlichen Magen).

Ableitung

125 g (12,5 dag) Quark
Knoblauch und Zwiebel feinpüriert
Milch
1 El Öl
Frugola
Selleriesalz
Curry, Bierhefe
frisch geriebener Muskat

Magerquark mit soviel Milch verrühren, daß eine dickflüssige Masse entsteht. Das Öl langsam einrühren. Sehr pikant abschmecken.
Sehr gut für Kartoffel- und Teigwarensalate geeignet.

Rezeptteil

Nach diesen allgemeinen Informationen über eine gesunde Ernährungsweise und dem Biotrainings–Urlaub in Österreich folgt nun der praktische Teil mit über 300 Rezepten aus der österreichischen Küche. Diese Rezepte sind alle erprobt. Sollte Ihnen trotzdem einmal ein Gericht nicht gelingen, dann schreiben Sie uns, denn wir sind stets bemüht, unsere Bücher möglichst Ihren Wünschen anzupassen. Ganz besonders freuen wir uns über Anregungen zu weiteren Buchthemen.

Von den Autoren dieses Buches gibt es bereits "Das Vollwert–Kochbuch aus Schwaben" mit über 300 leckeren schwäbischen Spezialitäten. Ein weiteres Buch mit zahlreichen Rezepten aus der italienischen Küche ist in Vorbereitung.

Burgenland

Es ist in der jetzigen Form das jüngste und das am weitesten östlich gelegene Bundesland Österreichs. Grenzland zum Eisernen Vorhang, *Eingangstor zur Pußta mit seinem Neusiedler See, der* Langen Lake *und mit seiner einmaligen Steppe. Aber nicht nur ein Badeparadies, sondern auch ein Ort seltener Flora und Fauna. Zahlreiche Burgen und Schlösser berichten aus der historischen Vergangenheit nicht zuletzt als Bollwerk gegen asiatische Reitervölker und Türken. Die pannonische Küche ist derb und schwer. Trotzdem oder gerade deshalb kann diese urtümliche Küche – zeitgemäß dargereicht – den Gaumen verwöhnen.*

Kukuruzauflauf

Text zum Bild

1 1/4 l Gemüsebrühe
30 dag (300 g) Maisgrieß
15 dag (150 g) geriebener Emmentaler
20 dag (200 g) frische Paprikaschoten
1 große Zwiebel
3 Paradeiser (Tomaten)
3 dag (30 g) Butter
Vollmeersalz
Majoran, Paprika
1 Knoblauchzehe

Gemüsebrühe aufkochen, Maisgrieß einrieseln lassen und unter ständigem Rühren etwa 30 Minuten kochen. Mit Vollmeersalz, Majoran und Paprika abschmecken. Paprikaschote halbieren, Strunk herausschneiden und die restlichen Kerne auswaschen, dann in feine Streifen schneiden. Zwiebel schälen, in grobe Würfel schneiden, dann in Butter mit dem geschnittenen Paprika dämpfen und leicht würzen mit Vollmeersalz, Majoran und zerdrückter Knoblauchzehe.
In eine ausgefettete Auflaufform die Hälfte der Maismasse streichen, dann den gedämpften Paprika und die restliche Maismasse und alles glatt streichen.
Paradeiser in Scheiben schneiden und schuppenartig den Auflauf belegen. Mit geriebenem Emmentaler bestreuen und bei 170 Grad ca. 30 – 40 Minuten backen.

Text zum Bild

Maistorteletten

250 g (25 dag) Maiskörner in Palatschinkenteig (Tropfteig) geben und in heißem Fett runde Torteletten herausbacken.

Text zum Bild

Paprikasalat

2 grüne Paprikaschoten
2 gelbe Paprikaschoten
1 rote Paprikaschote
3 Paradeiser (Tomaten)
1 große Zwiebel
2 Tl. Kapern
2 Tl. Senf
6 Eßl. kaltgepreßtes Öl
4 Eßl. Obstessig
Brecht's Kräutersalz,
Pfeffer, Oregano
1 Knoblauchzehe

Paprikaschoten halbieren, waschen, Stiel herausschneiden, dann in dünne Streifen schneiden. Paradeiser waschen und vierteln. Die Zwiebel schälen und halbiert in Streifen schneiden. Alle Zutaten vermengen. Aus den übrigen Zutaten eine Soße bereiten, über den Salat gießen und pikant abschmecken.

Ungarischer Salat

4 große Zwiebeln
1 – 2 grüne Paprika
1 Kuppe vom Kohlkopf (Wirsing)
1/2 Kuppe vom Rotkohl
3 – 4 Tomatenscheiben
Vollmeersalz
schwarzer Pfeffer
Wasser
Obstessig
Honig

Die Zwiebeln schälen und in der Mitte durchschneiden. Paprika waschen, in feine Streifen schneiden, Kohlkopf und Rotkohl ebenfalls. Das Gemüse mit den Tomaten in Schichten stapeln. Zwischen die einzelnen Schichten immer Vollmeersalz, schwarzer Pfeffer, etwas Wasser, Obstessig und Honig geben. Das Gemüse muß aus dem Wasser herausragen. Im Kühlschrank aufbewahren, tägl. wenden, nach 3 – 4 Tagen probieren, evtl. Essig nachgeben. Ungarisches Paprikagewürz oder saure Peperoni oder Chilisoße dazugeben. Nach ca. 5 Tagen ist der Salat fertig.

Tomatensalat (ungarisch)

25 dag (250 g) Tomaten
25 dag (250 g) Paprika
3 Eßl. kaltgeschlagenes Öl
2 Eßl. Obstessig

Frische Tomaten in Scheiben geschnitten, mit frischen nudelig geschnittenen grünen Paprikas vermischt, mit Öl und Essig anmachen.

Roher Selleriesalat

2 mittlere oder 1 großen Sellerie
10 dag (100 g) Mayonnaise
1 Prise Selleriesalz
3 Eßl. Obstessig
etwas Senf

Sellerie schälen und in der Küchenmaschine kleinhacken, mit Mayonnaise mischen. Selleriesalz, guten Obstessig mischen. Zum Schluß mit etwas Senf abschmecken.

Bauernsuppe

100 dag (1 kg) Kürbis
1 mittelgr. Zwiebel
4 Eßl. Butter
10 dag (100 g) Naturreis
50 dag (500 g) Paradeiser (Tomaten)
1/4 l Milch
Vollmeersalz
Pfeffer
etwas Birnendicksaft

Der Kürbis wird geschält und in kleine Würfel geschnitten. Die geschälte Zwiebel in feine Würfel schneiden und in 2 Eßl. Butter anrösten. Kürbis und Paradeiser dazugeben und mit wenig Wasser weichdünsten, dann passieren, die Milch dazugeben und aufkochen, den gargekochten Reis beigeben und mit Birnendicksaft, Vollmeersalz und Pfeffer würzen. Butterflocken daraufsetzen und servieren.

Einmachsuppe

5–10 dag (50–150 g) Butter
15–20 dag (150–200 g) Weizenvollkornmehl
Vollmeersalz
Pfeffer
Petersiliengrün
2 1/2 – 3 l Wasser oder Gemüsebrühe

Butter läßt man heiß werden, röstet das Weizenvollkornmehl darin goldgelb an, gibt feingehacktes Petersiliengrün dazu, gießt mit kaltem Wasser oder Brühe auf, salzt, pfeffert und läßt die Suppe gut verkochen. Als Einlage kann man gebähte (angeröstete) Vollwertsemmelstangerl geben.

Kartoffelauflauf

50 dag (500 g) Kartoffeln
1 Knoblauchzehe
2 Eßl. Butter
Vollmeersalz
schwarzer Pfeffer
geriebener Muskatnuß
1/2 l Milch
gut 5 dag (50 g) geriebener Edamer Käse

Kartoffeln schälen, waschen, in 1/2 cm dicke Scheiben schneiden, trocknen.
Knoblauchzehe schälen und halbieren. Feuerfeste Auflaufform damit einreiben, Form einfetten. Kartoffeln in die Form schichten, dabei mit Vollmeersalz und Pfeffer und etwas geriebener Muskatnuß würzen. Milch aufkochen, etwa 4 dag (40 g) Käse einrühren, Masse über die Kartoffeln gießen. Restlichen Käse, Butter in Flöckchen darauf verteilen.
Form auf die mittlere Schiene in den vorgeheizten Backofen stellen und bei 225 Grad Hitze 45 Minuten überbacken.
Dazu paßt: 1 große Schüssel Kopfsalat

Topfenauflauf mit Äpfeln

40 dag (400 g) Äpfel (ca. 4 Stück)
40 dag (400 g) trockener Topfen (Magerquark)
3 Eidotter
5 dag (50 g) zerlassene Butter
1 gestr. Tl. Backpulver
Mark von 1 Vanilleschote
2/10 l Rum
5 dag (50 g) Rosinen
Saft und Schale von einer ungespritzten Zitrone
12 dag (120 g) Honig
3 Eiweiß
1 Eßl. Zimt
Butterflöckchen

Die Äpfel schälen, vierteln, das Kerngehäuse entfernen und sie in nicht zu große Stücke schneiden.
Den durch ein Leinentuch gedrückten Topfen mit Eidotter, Butter, Backpulver, Vanille, Rum, Rosinen, Zitrone und einem Drittel des Honigs mit der Schneerute verrühren. Eiweiß sehr steif schlagen und dabei den restlichen Honig nach und nach dazugeben. Den Eischnee vorsichtig unter die Topfenmasse geben. Die Äpfel in eine gut gebutterte Auflaufform geben, darüber die Topfenmasse streichen, mit Zimt bestreuen und mit Butterflöckchen belegen. Im vorgeheizten Backrohr bei 200 Grad ca. 50 – 60 Minuten auf mittlerer Schiene backen.

Apfelauflauf

8 säuerliche Äpfel
etwas Butter für die Form
13 dag (130 g) Vollkornsemmelbrösel
7 dag (70 g) Honig
1 Prise Vollmeersalz
2 Tl. gem. Zimt
10 dag (100 g) zerlassene Butter

Äpfel achteln und entkernen, feuerfeste Form einfetten. Vollkornsemmelbrösel, Vollmeersalz und Zimt zusammen mit dem flüssigen Honig mischen. Äpfel und Semmelbröselmischung verrühren und in die Form geben. Zur Verfeinerung kann man auch Vollkornsemmelbrösel und gem. Haselnußkerne oder Mandeln zur Hälfte verwenden. Zerlassene Butter darauf verteilen. Form in den vorgeheizten Ofen, auf mittl. Schiene 45 Minuten bei 200 Grad backen.

Zwetschgenauflauf

3 Vollkornsemmeln v. Vortag
1/4 l Milch
75 dag (750 g) Zwetschgen
10 dag (100 g) Honig
6 dag (60 g) Butter
4 Eigelb
1 Prise Vollmeersalz
abgeriebene Schale und Saft einer ungespr. Zitrone
2 Eßl. Zwetschgenwasser (muß nicht sein)
8 dag (80 g) frisch gem. Vollkornmehl
10 dag (100 g) gemahlene Mandeln
4 Eiweiß
2 Eßl. Vollkornsemmelbrösel
2 Eßl. Butter

Vollkornsemmeln in dünne Scheiben schneiden. In einer Schüssel mit Milch begießen und zugedeckt 20 Min. einweichen. Zwetschgen waschen, abtrocknen und entsteinen. In einer Schüssel mit der Hälfte des Honigs durchziehen lassen.
Butter schaumig rühren, restl. Honig und nach und nach das Eigelb einrühren. Mit Vollmeersalz, Zitronenschale und –saft würzen, evtl. auch Zwetschgenwasser. Die eingeweichten Semmeln einrühren. Vollkornmehl und Mandeln mischen, obendrauf geben. Darauf das festgeschlagene Eiweiß, alles vorsichtig unterheben. Dann in eine gefettete Auflaufform füllen und glattstreichen. Mit Vollkornsemmelbröseln bestreuen, mit Butterflöckchen belegen. Im vorgeheizten Ofen auf der mittleren Schiene 60 Min. bei 175 Grad backen.

Erdbeerenknödel

25 dag (250 g) Topfen (Magerquark)
2 Eier
1 Prise Vollmeersalz
10 dag (100 g) Vollkornbrösel
2 Eßl. Honig
Erdbeeren zum Füllen
10 dag (100 g) Butter
Honig

Den durch ein Leinentuch gedrückten Topfen mit den Eiern, Vollmeersalz und Honig gut verrühren, die Brösel einmischen und ca. 1/4 Stunde stehen lassen, damit die Brösel die Feuchtigkeit anziehen. Mit einem Eßlöffel Teig abstechen, je eine Erdbeere einlegen und zu Knödel formen. In kochendes Salzwasser legen und 10 Minuten ganz schwach kochen lassen. Die Knödel in mit reichlich Butter und etwas Honig gerösteten Bröseln wälzen und auftragen.

Kukuruzlaiberl "Esterhazy"

1 l Gemüsebrühe
30 dag (300 g) Kukuruzgrieß (Maisgrieß)
2–3 Eßl. Topfen (Magerquark)
Brecht's Kräutersalz
Paprika
Muskat, Pfeffer
etwas Estragon
2 mittelgroße Karotten
1/2 Staude Lauch
1/2 kleinere Knolle Sellerie
1 Eßl. gehackte Petersilie
2 dag (20 g) Butter

Gemüsebrühe aufkochen lassen, Kukuruzgrieß einrieseln lassen und unter Rühren zu einem dicken Brei kochen. Abkühlen lassen, mit Topfen vermengen und mit den Gewürzen abschmecken, Laiberl formen.
Karotten waschen, abbürsten und in feine Scheibchen schneiden. Lauch waschen und in dünne Ringe, den geschälten Sellerie in feine Streifen schneiden. Das geschnittene Gemüse mit wenig Wasser kurz garen. Würzen mit Kräutersalz, Pfeffer und einem Hauch Muskat, zuletzt die Butter und Petersilie zugeben. Diese Gemüsegarnitur über die knusprig gebackenen Kukuruzlaiberln geben und mit Häuptelsalat (Kopfsalat) auftragen.

Kukuruznockerln

1/2 l Milch
1/2 l Wasser
25 dag (250 g) Maisgrieß
3 Eier
1 Eßl. Kerbel
Muskatnuß
Vollmeersalz nach Geschmack

Milch und Wasser aufkochen, den Maisgrieß einrieseln lassen und unter ständigem Rühren 10 Minuten köcheln. Etwas abkühlen lassen, nach und nach die Eier untermengen. Mit Vollmeersalz, Muskat und Kerbel würzen. Den Maisbrei ganz abkühlen lassen, dann walnußgroße Klößle formen, diese in leichtem Salzwasser ziehen lassen. Wenn die Klößchen an die Oberfläche kommen, sind sie gar. In heißer Gemüsebrühe zu Tisch bringen.

Zigeunernudeln mit Mohn und Honig

60 dag (600 g) Kartoffeln
1 Ei
1 Eigelb
Vollmeersalz
Prise Muskatnuß
10 dag (100 g) Weizenvollkornmehl
8 dag (80 g) Butter
geriebener Mohn
5 dag (50 g) Honig

Die am Vortage mit der Schale gekochten Kartoffeln muß man abziehen und reiben, gibt dann Ei, Eigelb, Vollmeersalz, Muskat und das Weizenvollkornmehl darunter und verarbeitet alles zu einem guten Teig. Von ihm werden Stückchen abgestochen, zu 5 Zentimeter langen Würstchen geformt und diese in siedendem Wasser solange gekocht, bis sie hochkommen und gar sind. Die abgetropften Würstchen werden einer heißen Schüssel angerichtet, mit der lichtbraunen Butter begossen, mit geriebenem Mohn und verflüssigtem Honig zu Tisch gegeben.

Paprika-Erdäpfel (Kartoffeln)

1 kg Erdäpfel (Kartoffeln)
2 Zwiebeln
3 Eßl. Butter
2 Eßl. Paprika, edelsüß
1/2 l Gemüsebrühe (Cenoviswürfel oder selbstgemacht)
3 Paradeiser (Tomaten)
2 grüne Paprikaschoten
Kümmel
frisch gem. schwarzer Pfeffer
Vollmeersalz

Kartoffeln unter dem Wasser gut abbürsten und dann 5 Minuten kochen. Mit kaltem Wasser abschrecken und schälen. Zwiebeln schälen und feinhacken. Butter in einen Topf geben, erhitzen und die Zwiebeln darin leicht bräunen; den Paprika edelsüß einrühren. Gemüsebrühe zubereiten. Erdäpfel in Scheiben schneiden, Paradeiser häuten und fein würfeln, Paprikaschoten vierteln, entkernen, waschen, kleinhacken.
Alle Zutaten in die Brühe geben und mit Kümmel überstreuen. Mit Vollmeersalz und Pfeffer würzen. Im geschlossenen Topf noch etwa 15 Minuten kochen lassen.

Spinatnocken

35 dag (350 g) Weizenvollkornmehl
25 dag (250 g) passierter Spinat
5 dag (50 g) Butter
2 ganze Eier
Vollmeersalz
Pfeffer
Knoblauch
ca. 1/4 l Milch

Weizenvollkornmehl, passierter Spinat, zerlassene Butter, Eier, Vollmeersalz, Pfeffer, Knoblauch und Milch werden zu einem dickflüssigen Teig verrührt. Dann mit einem kleinen Löffel Nocken abstechen und in siedendem Salzwasser ca. 6 Minuten ziehen lassen.
Variante: zu den fertigen Nocken zerlassene Butter reichen.

Rohnen mit Buttersoße (Rote Beete)

75 dag (750 g) kleine Rohnen (Rote Beete)
Vollmeersalz
2 Eßl. Butter
3 Eßl. Weizenvollkornmehl
1/2 l Gemüsebrühe
oder Cenovis-Gemüsebrühwürfel
Kräutersalz
2 Eigelb
2 Eßl. Sahne
8 dag (80 g) Butter
1 Eßl. Zitronensaft
weißer Pfeffer
etwas Kümmel

Rohnen abbürsten, in Salzwasser 40 – 60 Minuten garkochen. Zur Buttersoße 2 Eßl. Butter im Topf erhitzen. Das Weizenvollkornmehl darin einbrennen. Die heiße Gemüsebrühe angießen, unter Rühren 3 Minuten kochen und dann noch mit etwas Vollmeersalz und Kümmel abschmecken. Eigelb und Sahne mit etwas heißer Soße verquirlen und in den Topf rühren. Erhitzen, aber nicht mehr kochen. Die Butter in Flöckchen auf die Soße verteilen und mit dem Schneebesen unterschlagen. Mit Zitronensaft und Pfeffer sowie Kümmel abschmecken. Soße getrennt zu den abgezogenen Rohnen reichen.

Käse–Karfiol (Blumenkohl) mit Eiern und Tomaten

1 Karfiol (Blumenkohl)
Kräutersalz
4 Eier
4 Paradeiser (Tomaten)
1 Eßl. Butter
1 Eßl. Weizenvollkornmehl
gut 1/8 l Milch
20 dag (200 g) geriebener Käse
Vollmeersalz
Paprika, edelsüß
1 Bund Petersilie

Den geputzten Karfiol in Salzwasser 30 Minuten garkochen. Eier hart kochen, schälen, halbieren. Gewaschene Paradeiser vierteln. Butter im Topf erhitzen und das Weizenvollkornmehl darin anschwitzen. Milch unter Rühren angießen, würzen, 3 Minuten kochen. Käse löffelweise dazugeben und in der Soße auflösen, nachwürzen.
Den abgetropften Karfiol auf einer Platte anrichten und mit der Käsesoße übergießen. Mit Eihälften und Paradeiservierteln garnieren und mit Petersilie bestreuen.

Burgenland

Topfenbusserl

50 dag (500 g) Kartoffeln
50 dag (500 g) Topfen (Magerquark)
1 Ei
Vollmeersalz
5 dag (50 g) Honig
Vanillegewürz
Weizenvollkornmehl

Gekochte, erkaltete, abgezogene Kartoffeln reiben oder durch die Presse drücken. Den durch ein Leinentuch gedrückten Topfen, 1 Ei, eine Prise Vollmeersalz, Honig und eine Prise Vanillegewürz mit Weizenvollkornmehl vermengen. Es kommt Vollkornmehl hinzu, damit der Teig nicht zu feucht ist.
Auf dem bemehlten Brett halbfingerdick ausrollen und auf gefettetem Blech goldbraun backen bei ca. 200 Grad.

Pfefferbusserl

12,5 dag (125 g) Butter
10 dag (100 g) Honig
1 Prise Vollmeersalz
1/2 Eßl. Zimt
1/4 Tl. Nelkenpfeffer
3/4 Tl. Pottasche
1 Eßl. lauwarmes Wasser
5 dag (50 g) gemahlene Mandeln
25 dag (250 g) Weizenvollkornmehl

Butter, Honig, Vollmeersalz und Gewürze erwärmen, abkühlen lassen. Pottasche in Wasser auflösen, unterrühren. Mandeln und Weizenvollkornmehl zuerst einrühren, dann kneten. 25 cm lange Rollen formen, über Nacht kaltstellen.
In dünne Scheiben schneiden, Backblech mit Pergamentpapier auslegen. Busserl im vorgeheizten Ofen bei 200 Grad knapp 5 Minuten backen.

Kukuruzpuffer

1 l Milch
70 dag (700 g) Maisgrieß
3 Eier, getrennt
Brecht's Kräutersalz
1 Tl. zerriebener Kerbel
Diäsan zum Ausbacken

Eidotter mit Milch verrühren, den rohen Maisgrieß einrühren und etwa 2 Stunden stehen lassen, damit die Masse quellen kann. Dann mit Kräutersalz und Kerbel würzen und den steifgeschlagenen Eischnee unterheben.
In einer Pfanne reichlich Diäsan erhitzen. Mit einer Schöpfkelle Maismasse ins heiße Fett geben und runde Küchle beidseitig ausbacken. Mit frischen Salaten servieren.

Zigeunertopf

25 dag (250 g) Streichtopfen (10%iger Quark)
5 Eßl. Sauerrahm
5 dag (50 g) Gurken
3 dag (30 g) rote Paprikaschoten
2 hartgekochte Eier
Schnittlauch
1 rohe Zwiebel
Pfeffer, Vollmeersalz
Senf, Petersiliengrün

Streichtopfen mit Rahm, Vollmeersalz, Pfeffer, Senf gut verrühren, die würfelig geschnittenen Gurken und das Fleisch der Paprikaschoten, Zwiebel, den Schnittlauch, ebenfalls fein geschnitten, daruntermengen. 1 Ei würfelig schneiden, dazugeben. Das zweite Ei zum Garnieren verwenden. Den fertigen Topfen anrichten, mit Ei, etwas roten Paprikaschoten und Petersiliengrün garnieren.

Nußtopfenaufstrich

6 dag (60 g) Butter
10 dag (100 g) Streichtopfen (10%iger Quark)
3 dag (30 g) geriebene Nüsse
Milch und Vollmeersalz

Butter glatt rühren, Streichtopfen, Nüsse, Milch und Vollmeersalz dazu, auf Brote streichen, mit Radieschen und Petersilie verzieren.

Früchtetopf

25 dag (250 g) Rahmtopfen (Sahnequark)
2 Eigelb
etwas Obers (süße Sahne)
Zitronenschale
und Saft einer Zitrone
verschiedenes Obst

Die angegebenen Zutaten werden sehr schaumig gerührt, mit verschiedenem, zerkleinertem Obst mischen. Den Topfen in Schalen füllen und mit Haselnüssen oder Mandeln bestreuen.

Palatschinkentorte mit Nußfülle

Palatschinkenteig (siehe Grundrezept Tropfteig)
30 dag (300 g) Haselnüsse
15 dag (150 g) Honig
etwas Zitronenschale

Palatschinken wie üblich bereiten (12 Stück), lagenweise mit den geriebenen Nüssen, die man mit Honig gesüßt und mit abgeriebener Zitronenschale vermischt hat, bestreichen, darüber wieder Palatschinken geben, wie eine Torte formen, dazu kann man Obst nach den Jahreszeiten warm servieren.

Gefüllte Zimtäpfel

60 dag (600 g) Äpfel (6 Äpfel)
5 dag (50 g) Haselnußkerne
4 dag (40 g) Honig
2–3 Tl. gem. Zimt
2 Eßl. Butter
2 Eßl. Honig

Äpfel waschen und abtrocknen. Kerngehäuse ausstechen. Einen Apfel vierteln, entkernen und in Stücke schneiden. Nüsse mahlen. Mit Honig und Zimt mischen. Äpfel in eine gefettete, feuerfeste Form legen, mit der Nußmischung füllen. Apfelstücke in die Mitte und zwischen die gefüllten Äpfel legen. Restliche Nußmischung darüberstreuen. Restl. Fett in Flöckchen auf die Äpfel, darauf Honig verteilen. Im vorgeheizten Ofen auf mittl. Schiene 15 Minuten bei 225 Grad backen. Zur Abwechslung: Rosinen, Mandeln, Honig und Zimt mischen. Äpfel füllen, mit Fettflöckchen belegen und überbacken.

Gebackene Marillen (Aprikosen)

100 dag (1 kg) Marillen (Aprikosen)
5 dag (50 g) Honig
Vollkornsemmelbrösel
etwas Rum
1 Ei

1 Kilo schöne Marillen schälen, halbieren, mit der Hälfte des Honigs süßen und mit Rum bespritzen, zugedeckt in einer Schüssel stehenlassen. Die Marillen herausnehmen, abtropfen lassen, wie ein Schnitzel panieren und ausbacken, den abgelaufenen Saft mit der anderen Hälfte des Honigs aufkochen und über die gebackenen Marillen schütten und so servieren.

Burgenländer Mohnkuchen

10 dag (100 g) Butter
4 Eier, getrennt
10 dag (100 g) Honig
1 abgeriebene Zitrone
10 dag (100 g) gemahlener Mohn
1 Eßl. Vollkornbrösel für die Form

Die weiche Butter mit Honig schaumig rühren. Nacheinander die Eidotter unterrühren, so daß eine cremig-schaumige Masse entsteht. Dann die abgeriebene Zitronenschale und den Mohn beimengen. Zuletzt die steifgeschlagenen Eiweiße untermengen. In eine gut ausgefettete Springform, mit Vollkornbrösel ausgestreut, füllen. Backzeit ca. 45 Minuten bei 200 Grad. Kann kurz vor dem Verzehr mit Schlagoberstupfen (geschlagene Sahne) garniert werden.

Kukuruztorte

15 dag (150 g) Maismehl
15 dag (150 g) Buchweizenmehl
6 dag (60 g) Butter
10 dag (100 g) Honig
2 Eier, getrennt
7 dag (70 g) Rosinen
1 Tasse Milch
1 gehäufter Tl. Weinstein-Backpulver
1 abgerieb. Zitronenschale
4 dag (40 g) geriebene Mandeln

Die weiche Butter mit Honig und den Eidottern schaumig rühren. Maismehl und Buchweizenmehl mit Backpulver vermengen und der Schaummasse beigeben. Nun die Milch dazugeben, sowie die Rosinen und geriebenen Mandeln. Zuletzt den steifgeschlagenen Eischnee unterheben. Die Teigmasse in eine gut gefettete Springform geben. Gebacken wird die Kukuruztorte bei 180 Grad ca. 50 Minuten.

Die Torte kann auch gefüllt werden. Man zerdrückt dann 2 Bananen mit 2 Eßlöffel Sanddornsaft und gibt 1/8 l geschlagenen Obers (süße Sahne) dazu. Füllt damit die in der Mitte quer geteilte Torte.

Weiter kann die gefüllte Torte mit einem weiteren 1/8 l geschlagenen Obers bestrichen werden, evtl. noch mit Oberstupfern (Sahnetupfern) garniert werden. In die Oberstupfer steckt man je eine Haselnuß.

Kärnten

Stürzende Wasser, Seen und schon südliche Sonne zeichnen das südlichste Bundesland Österreichs aus. Von der wechselvollen Geschichte des Landes erzählen Burgen, Kirchen und Ausgrabungen aus der Römer- und Keltenzeit. Der Überblick über die Geographie Kärntens ist leicht zu gewinnen. Fünf große Täler ziehen den Reisenden, meist über Pässe, in Österreichs sonnigen Süden. Drei große Quertäler erwarten ihn zu Urlaubsfreuden. Letztlich schließen die Karnischen Alpen und die Karawanken das Land nach Süden ab; dahinter liegen Jugoslawien und Italien.
Die Kost der Kärntner, vor allem der Landbevölkerung, ist kräftig und nahrhaft. Milch, Mehlspeisen, Knödel und Sterz, gehören zum täglichen Speisezettel. In Unterkärnten – wie auch in der Steiermark – werden viele Gerichte mit grünem Sonnenblumenöl hergestellt.

Kärntner Reinling

Text zum Bild

1/2 kg Weizenvollkornmehl
2 dag (20 g) Germ (Hefe)
ca. 3/8 l Milch
6 dag (60 g) Butter
2 dag (20 g) Honig
Butter und Mehl für die Form
Fülle:
5 dag (50 g) Weinbeerln
5 dag (50 g) Honig
1 Löffel Zimt
etwas Nelken

Die Zubereitung erfolgt wie bei Germstrudel, nur bäckt man den Teig entweder in einer gefetteten Gugelhupfform oder in einer gewöhnlichen Kasserolle.

Text zum Bild

Kärtner Kasnudeln

Teig:
500 g (50 dag) feines Weizenvollkornmehl
1 Ei
1 TL Vollmeersalz
ca. 1/4 l lauwarmes Wasser

Füllung:
250 g (25 dag) Magerquark
2 Eier
2 Zehen Knoblauch
Minze, Petersilie
1 TL Vollmeersalz
1 eingew. Vollkornbrötchen

Das gemahlene Weizenvollkornmehl in eine Schüssel geben, mit den übrigen Zutaten zu einem festen Teig kneten. Anschließend auf bemehlter Arbeitsfläche dünn ausrollen. Dann ca. 10 cm runde Kreise ausstechen, die Füllung darauf verteilen, die Ränder mit Wasser einpinseln, zusammenklappen und am Rand festdrücken.
In Salzwasser ca. 20 Minuten sieden lassen. Mit zerlassener brauner Butter servieren.

Füllung:
Den Quark in einem Tuch ausdrücken, die Eier, Vollmeersalz und die zerdrückten Knoblauchzehen dazu. Alles vermischen. Zum Schluß das ausgedrückte Vollkornbrötchen und die Kräuter untermischen.

Text zum Bild

Hagebuttencreme

50 dag (500 g) Hagebutten
1/2 l Wasser
3 Eßl. Honig
1/2 l Schlagrahm

Man reinigt die Hagebutten von den Kernen, wäscht sie und kocht sie in Wasser ganz weich, seiht den Saft ab und passiert die Früchte, die man mit dem Honig gut vermischt, der 1/2 l Schlagrahm wird steifgeschlagen. Man füllt nun das Hagebuttenmark schichtenweise mit dem festgeschlagenen Schlagobers in Glasschalen. Man kann auch eine Lage Biskuit dazwischengeben oder Hagebutten und Schlagobers mischen.

Bauernkrapfen

1 kg Weizenvollkornmehl
2–3 dag (20–30 g) Germ (Hefe)
5 dag (50 g) Honig
3–4 Eidotter
3 dag (30 g) Butter
Vollmeersalz
1 Eßl. Rum
Milch
Fett zum Backen

Aus den obigen Zutaten macht man einen weichen Germteig, den man aufgehen läßt. Mit einem Löffel oder Schöpfer sticht man Stücke heraus, von denen man mit der Hand Laibchen formt, die man auf bemehltem Tuch oder Brett aufgehen läßt.
Hierauf zieht man sie in der Mitte gleichmäßig auseinander und bäckt sie beiderseits in heißem Öl goldgelb. Schön gebackene Krapfen müssen einen weißen Rand haben.

Brunnenkressesalat

10 dag (100 g) Brunnenkresse
3 Eßl. Salattunke (Marinade)

Die Brunnenkresse wird 1 Stunde in Salzwasser gelegt, gut abgespült, vorsichtig mit einem Tuch abgetrocknet und kurz vor dem Servieren mit kaltgeschlagenem Öl und Obstessig vermischt. Statt Brunnenkresse kann auch Gartenkresse verwendet werden.

Salat vom schwarzen Rettich

2 mittelgroße schwarze Rettiche
Vollmeersalz
1 Tl Kümmel
2 Eßl. kaltgeschlagenes Sonnenblumenöl

Junger, saftiger schwarzer Rettich wird geschält und gerieben, etwas gesalzen, mit dem Kümmel und dem kaltgepreßten Öl vermischt.

Krautsalat mit Tomaten

1 kleiner Kopf Weißkraut
3–5 Eßl. kaltgeschlagenes Sonnenblumenöl
Saft 1 Zitrone
1 Bund Petersilie
6 Tomaten
10 dag (100 g) Mayonnaise

Weißkraut wird feinnudlig geschnitten, wenig gesalzen, mit einem Teller zugedeckt und einige Stunden beschwert stehengelassen. Dann wird es mit viel Öl und Zitronensaft angemacht, auf einer Glasschüssel gehäuft, mit gehackter grüner Petersilie bestreut und mit halbierten, mit Mayonaise gefüllten Tomaten umringt.

Schwammerlsalat

Besonders gut eignen sich Reizker oder Eierschwammerl dazu.
3/4 kg Reizker oder Eierschwammerl (Pilze)
Vollmeersalz
Pfefferkörner
Lorbeerblatt
Majoran
Beizkräutl
Bohnenkraut
Obstessig

Alle angeführten Gewürze werden in Wasser mit Obstessig und Vollmeersalz gekocht.
In den siedenden Sud werden die geputzten, ungeteilten Schwämme gegeben und darin einige Minuten gekocht.

Oberkärntner Käsesuppe

5 dag (50 g) Butter
5 dag (50 g) Zwiebeln
5 dag (50 g) Weizenvollkornmehl
1 l Cenovis klare Gemüsebrühe
Vollmeersalz
1 Prise Muskat
1/2 Tl. Basilikum
5 dag (50 g) Reibekäse
1/8 l saurer Rahm
Petersilie

Die feingehackten Zwiebeln läßt man in Butter kurz anlaufen, gibt das Weizenvollkornmehl dazu und macht eine helle Einbrenne, die man mit klarer Gemüsebrühe aufgießt und gut verkochen läßt. Vor dem Anrichten mengt man Käse und Rahm ein und würzt die Suppe.

Mölltaler Kassuppn

Farfalan:
15 dag (150 g) Weizenvollkornmehl
1 Ei
1/2 Tl. Vollmeersalz
3/4 l Molke
1 Tl. Kümmel
1/4 l saurer Rahm
Roggenvollkornbrotschnitten

Weizenvollkornmehl, Vollmeersalz und Ei werden mit der Hand in einer Schüssel zu Farfalan (Mehlgerstl) abgebröselt. Die Molke wird mit den Gewürzen aufgekocht, die Farfalan eingerührt und 5 Minuten ziehengelassen. Dann wird der versprudelte saure Rahm eingerührt und die Suppe über Roggenvollkornbrotschnitten angerichtet.

Rahmsuppe mit Bohnen oder Erdäpfeln

3/4 l Wasser
1/2 Tl. Vollmeersalz
1 Tl. Kümmel
1 Lorbeerblatt
1/4 l saurer Rahm
5 dag (50 g) Weizenvollkornmehl
20 dag (200 g) gekochte Bohnen oder
50 dag (500 g) Erdäpfel (Kartoffeln)

Die Rahmsuppe wird wie die Milchsuppe zubereitet. Dazu ißt man gekochte weiße Bohnen oder Feldbohnen, die abgeschmalzt werden. Auch frisch gekochte Erdäpfel schmecken sehr gut dazu.
Milch- und Rahmsuppe sind ausgesprochene bäuerliche Frühstücksgerichte.

Milchsuppe

1/2 l Wasser
1 Tl. Kümmel
1/2 Tl. Vollmeersalz
1 Lorbeerblatt
1/2 l saure Milch oder Buttermilch
4 dag (40 g) Weizenvollkornmehl
Roggenvollkornbrotschnitten

Das Wasser wird mit den Gewürzen aufgekocht. Die saure Milch wird mit dem Weizenvollkornmehl versprudelt und mit dem Gewürzwasser verkocht. Diese Suppe wird über Roggenvollkornbrotschnitten angerichtet.

Hollersuppe

1 l abgerebelte Holunderbeeren
1 l Wasser
2 Stengel Wohlgemut (Dost)
etwas Honig

Die Holunderbeeren werden mit dem Wasser aufgekocht und durch ein Sieb gestrichen. Der Saft wird mit Wohlgemut ca. 1 Stunde gekocht, eventuell mit Honig süßen.
Warm oder kalt wird die Suppe mit Roggenvollkornbrot gegessen. Diesen Saft kann man auch kochendheiß in Flaschen füllen und gut verschlossen kühl aufbewahren.

Einbrennsuppe mit legiertem Ei

5 dag (50 g) Butter
5 dag (50 g) Weizenvollkornmehl
1 l Wasser
je 1/2 Tl. Minze, Kümmel,
Majoran, Thymian
Vollmeersalz
1 Ei

Aus Butter und Weizenvollkornmehl macht man eine braune Einbrenne, gießt sie auf, gibt die Gewürze dazu und läßt sie gut verkochen, das Ei wird gut verquirlt und vor dem Anrichten in die Suppe eingerührt.
Dazu wird am besten Roggenvollkornbrot oder Türkensterz gegessen.

Kärntner Nudeln

1 kg Weizenvollkornmehl
2 Eier
1 1/2 kg Kartoffeln
1/8 kg Topfen (Magerquark)
Petersiliengrün
Minzkraut
Butter zum Abschmalzen

Die Kartoffeln werden gekocht, gerieben, mit durch ein Leinentuch passiertem Topfen, Vollmeersalz, Petersiliengrün und Minzkraut vermengt.
Aus Weizenvollkornmehl, Eiern und Wasser stellt man einen weichen Nudelteig her und rollt ihn messerrükkendick zu einem länglichen Rechteck aus. Von der Fülle legt man in Abständen von 5–6 cm kleine Häufchen auf den Teig, schlägt ihn darüber, drückt den Rand fest nieder, radlt Tascherln aus und kocht sie 10 Min. in Salzwasser. Die Nudeln werden mit Butter abgeschmalzen. Man kann die Nudeln auch mit Topfen oder Kletzen füllen.

Wetzsteine aus Weizenvollkornmehl

1 kg Weizenvollkornmehl
2–3 dag (20–30 g) Germ (Hefe)
5 dag (50 g) Honig
3–4 Eidotter
3 dag (30 g) Fett
Vollmeersalz
1 Eßl. Rum
Milch
Fett zum Backen

Aus den nebenstehenden Zutaten macht man einen weichen Germteig, den man aufgehen läßt. Man formt daraus fingerdicke Nudeln, die man in heißem Öl bäckt.

Brennsterz

40 dag (400 g) Weizenvollkornmehl
2 Eier
1 Tl. Vollmeersalz
etwas Wasser für den Reibgerstlteig
1/2 l Wasser
1/2 Tl. Salz
5 dag (50 g) Butter

Aus Weizenvollkornmehl, Eiern, Vollmeersalz und wenig Wasser macht man einen festen Nudelteig. Dieser wird auf dem Reibeisen zu einem Gerstl aufgerieben, das man entweder im Rohr bei schwacher Hitze trocknet oder lindet. In das kochende Salzwasser rührt man das Reibgerstl ein, gibt Butter dazu und läßt es bei schwacher Hitze ca. 1/2 Stunde ausdünsten.

Kartoffeln – Tomaten – Topf

3 Zwiebeln
2 Eßl. kaltgeschlagenes Öl
2 Knoblauchzehen
50 dag (500 g) frische Tomaten
6–8 Kartoffeln
Vollmeersalz
weißer Pfeffer
gut 1/8 l heiße Cenovis klare Gemüsebrühe
je 1 Eßl. Petersilie und Dill, gehackt
1 Eßl. Schnittlauchröllchen

Zwiebeln schälen und hacken, das kaltgeschlagene Öl in einem Topf erhitzen, Zwiebeln darin bei geringer Hitze 10 Minuten braten, sie sollen aber hell bleiben. Knoblauchzehen schälen und in feine Streifen schneiden. Die Tomaten leicht andünsten und mit der Tomatenbrühe in den Topf geben.
Kartoffeln schälen, würfeln und auch zugeben, mit Vollmeersalz und Pfeffer würzen. Cenovis klare Gemüsebrühe angießen, bei schwacher Hitze 20 Minuten kochen und abschmecken. Kräuter kurz vor dem Servieren unterheben.
Dazu paßt: geriebener Käse und Butter.

Überbackener Karfiol

1 Karfiol (Blumenkohl)
8 dag (80 g) Butter
10 dag (100 g) Vollkornsemmelbrösel

Den weichgekochten Karfiol gibt man in eine mit etwa 3 dag Butter eingefettete Auflaufform, gibt die restliche Butter und die Vollkornbrösel darüber und läßt ihn in der heißen Röhre schnell überbacken.

Kohlsprossen mit Maronen

50 dag (500 g) Kohlsprossen (Rosenkohl)
50 dag (500 g) Maronen
10 dag (100 g) Butter

Kohlsprossen in wenig Wasser dämpfen, Maronen erst schälen, dann kochen. Wenn weich, mit den Kohlsprossen mischen und mit heißer Butter übergießen.

Kreneier

Eier nach Belieben
Obstessig
kaltgeschlagenes Öl
Vollmeersalz
Meerrettich

Abgekochte Eier werden halbiert, auf eine Glasschüssel angerichtet, mit einer Mischung von Essig, Öl und Vollmeersalz übergossen und nach halbstündigem Stehen mit geriebenem Kren (Meerrettich) bestreut. Dazu reicht man verschiedene grüne Salate.

Schwammerlgoulasch

1 kg frische Waldschwammerln (Pilze)
5 dag (50 g) Butter
1 mittelgroße Zwiebel
1–2 Eßl. Weizenvollkornmehl
Saft einer ausgepreßten Zitrone
Brecht's Kräutersalz
weißer Pfeffer
2 Eßl. Obers (süße Sahne)
1 Eidotter
2 Eßl. Petersilie und Kerbel

Die Zwiebel schälen und fein würfeln, diese mit Butter glasig werden lassen. Dazu gibt man die gut geputzten und gewaschenen, in Würfel geschnittenen Schwammerln. Läßt diese zugedeckt kurz schmoren. Vollkornmehl einrühren und damit abbinden.
Abgeschmeckt wird das Schwammerlgoulasch mit Zitronensaft, Kräutersalz, Pfeffer, gehackter Petersilie und Kerbel. Obers und Eidotter verquirlen und damit legieren.

Schwammerllaiberln

50 dag (500 g) frische Schwammerl (Pilze)
3 dag (30 g) Butter
1 mittelgroße Zwiebel
15 dag (150 g) Weizenvollkornsemmerln
2 Eier
Vollkornsemmelbrösel
Vollkornmehl
Brecht's Kräutersalz
Muskat
Pfeffer
etwas Majoran
Diäsan zum Ausbacken

Die Schwammerln putzen, waschen und kleinschneiden und im heißen Fett mit feingehackter Zwiebel weich dünsten. Sind die Schwammerl weich, gibt man die zuvor eingeweichten Vollkornsemmerln, gut ausgedrückt und mit Hilfe einer Gabel zerkleinert, dazu, läßt alles nochmals etwa 3–4 Min. dämpfen. Die ausgekühlte Schwammerlmasse gut würzen, die Eier untermengen und soviel Vollkornsemmelbrösel untermengen, daß Laiberln geformt werden können. Diese in Vollkornmehl wenden und beidseitig knusprig ausbacken.

Rohnen Frischkost (Rote Beete)

2 mittelgr. Rohnen (Rote Beete)
1 Apfel
2 Eßl. kleingeschn. Dill
1 Tl. geriebener Kren (Meerrettich)
1 Eßl. Joghurt
1 Eßl. kaltgepreßtes Öl
1 Eßl. Obstessig
Vollmeersalz und Pfeffer nach Geschmack

Die Rohnen gründlich waschen, am besten mit einer Bürste abreiben. Die Enden abschneiden. Frische Ernte braucht nicht geschält zu werden. Apfel ausstechen und mit den Rohnen grob raspeln und mit den restlichen Zutaten marinieren.

Unterkärntner Schmalzmuas

40 dag (400 g) mürbes Weizenvollkornbrot oder alter Reinling
1/4 l Milch
4 Eier
15 dag (150 g) Butter
ca. 3/8 l Milch
10 dag (100 g) Weinbeeren
3 dag (30 g) Honig
Zimt

Milch und Eier werden gut versprudelt und mit dem würfelig geschnittenen Weizenvollkornbrot vermengt. In einer flachen Pfanne läßt man Butter heiß werden, gibt das Brot hinein und dünstet es bei nicht zu starker Hitze. Nach ca. 1/4 Stunde gibt man die Weinbeeren, die Hälfte des Honigs und die kochende Milch darüber und dünstet den Mócnik fertig. Mit Honig und Zimt verfeinert wird er aufgetragen.

Schmalzmuas ist der Festtagsnachtisch in Kärnten. Es wird auch heute noch überall zubereitet. Man ißt dazu Kompott.

Topfenschmarrn

1/4 l Milch
3 Eidotter
12,5 dag (125 g) Topfen (Magerquark)
1 Tl. Vollmeersalz
30 dag (300 g) Weizenvollkornmehl
3 Eiklar
5 dag (50 g) Butterschmalz

Milch, Eidotter, Vollmeersalz, Topfen und Vollkornmehl werden abgerührt und der steife Schnee untergezogen. In einer Kasserolle läßt man das Fett heiß werden, gießt die Masse hinein und bäckt sie bei mittlerer Hitze im Rohr auf beiden Seiten knusprig braun. Vor dem Anrichten wird der Schmarrn mit 2 Gabeln in kleine Stücke zerrissen.

Dazu ißt man grünen Salat, Zwetschgenpfeffer oder Kompott.

Karottenjoghurt

1/4 l Joghurt
1/4 l Karottensaft
Saft einer Orange
Saft einer halben Zitrone
1 Eßl. Honig

Joghurt, frisch gepreßten Karottensaft, Orangensaft, Zitronensaft und Honig rasch verrühren, sofort servieren.

Hagebuttenjoghurt

1/4 l Joghurt
1 Eßl. Hagebuttenmarmelade
1 Eßl. Honig

Alle Zutaten mit der Schneerute gut verrühren.

Bauerntopfen

25 dag (250 g) Streichtopfen (10%iger Quark)
10 dag (100 g) Butter
Kümmel
Paprika
Vollmeersalz
Schnittlauch

Butter verrühren, Streichtopfen und Gewürze dazu geben, evtl. etwas Milch, damit er besser streichfähig ist.

Frühjahrskräuter–Topfenaufstrich

25 dag (250 g) Streichtopfen (10%iger Quark)
5 Eßl. Sauerrahm
1 Eßl. Senf
Vollmeersalz
Frühjahrskräuter aus dem Garten
und Brunnenkresse

Kräuter fein schneiden, alles vermischen, mit Petersilie und rotem Paprika verzieren.

Mohnsemmeln und Kümmelschnecken

50 dag (500 g) Weizenvollkornmehl
10 dag (100 g) Butter
1/4 l Milch
7 dag (70 g) Germ (Hefe)
1 Tl Vollmeersalz
etwas Honig
5 dag (50 g) Butter
1 1/2 Eßl. Kümmel
1 Eßl. Mohn

Vollkornmehl in eine Schüssel geben und Fett in Flöckchen darauf verteilen. Lauwarme Milch mit Germ vermischen und aufs Weizenvollkornmehl gießen. Vollmeersalz und 1/2 Kaffeelöffel Honig dazugeben, den Teig kräftig kneten und schlagen. In zwei Hälften teilen.

Mohnsemmeln:
Die eine Teighälfte zum Viereck auswalken. 5 dag (50 g) Butter in Flöckchen darauf verteilen. Teig 3x übereinanderschlagen, so daß Schichten entstehen, in 8 Teile schneiden. Diese auf ein gefettetes, mit Weizenvollkornmehl bestäubtes Blech legen und etwa 15 Minuten aufgehen lassen.

Kümmelschnecken:
In die zweite Teighälfte 1 Eßl. Kümmel einarbeiten. Teig in acht Teile teilen. Zu Schnecken formen. Zum Aufgehen aufs Blech legen.
Beide mit verquirltem Ei bepinseln, Semmeln mit Mohn, Schnecken mit Kümmel bestreuen. Im vorgeheizten Ofen auf mittl. Schiene bei 200 Grad 15 Minuten backen.

Kärnten

Kümmelkrapferl

17 dag (170 g) Weizenvollkornmehl
5 dag (50 g) Butter
Vollmeersalz
2 dag (20 g) Germ (Hefe)
etwas Milch
Kümmel

Aus diesen Zutaten bereitet man einen Germteig. Man läßt ihn aufgehen, formt auf einem befetteten Blech kleine Krapferl, läßt sie wieder aufgehen, bestreicht sie mit Ei, bestreut sie mit Kümmel und etwas Vollmeersalz und bäckt bei mittlerer Hitze.

Topfenstollen

50 dag (500 g) Weizenvollkornmehl
2 Tl. Weinsteinbackpulver
2 Eier
50 dag (500 g) Topfen (Magerquark)
10 dag (100 g) Honig
2 MS Vanillgewürz
1 abgeriebene Zitrone
10 dag (100 g) gehackte Mandeln
10 dag (100 g) Rosinen
7,5 dag (75 g) getrocknete Marillen
4 Eßl. zerlassene Butter

Das frischgemahlene Vollkornmehl in eine Schüssel geben. In der Mitte eine Vertiefung eindrücken. Hierein gibt man das Backpulver, den durch ein Leinentuch gedrückten Topfen, die Eier, Honig, Vanillgewürz, Zitronenschale, die Mandeln, Rosinen und die kleingeschnittenen Marillen. Alles rasch zu einen Teig verkneten, Stollen formen und auf ein gefettetes Backblech legen.

Bei 190 Grad etwa 1 Stunde backen. Den noch heissen Topfenstollen mit zerlassener Butter bestreichen.

Ribiselschnitten (Johannisbeer mit Schneehaube)

Mürbeteig:
18 dag (180 g) Weizenvollkornmehl
12 dag (120 g) Butter
2 Eidotter
6 dag (60 g) Honig
Zitronenschale
30 dag (300 g) Ribisel (Johannisbeeren)
6 dag (60 g) Honig
Wasser
Klar von 2 Eiern
5 dag (50 g) Honig

Butter wird mit Vollkornmehl abgebröselt, mit Honig, Eidottern und Zitronenschale auf dem Brett rasch zu einem Teig verarbeitet, welchen man 1/2 Stunde kühl rasten läßt. Dann rollt man ihn messerdick aus, überbackt ihn auf ungestrichenem Blech und bestreicht ihn nach dem Auskühlen mit eingekochtem, kaltem Ribiselsaft, belegt ihn mit den aufgekochten Ribiseln, worauf man die unten angegebene Schneemasse dünn aufstreicht und den Kuchen für kurze Zeit bis zum Gelbwerden der Schneemasse nochmals ins Rohr schiebt.

Ribiselfülle: Im kochenden Honigwasser läßt man die Ribisel einmal aufkochen, nimmt sie mit dem Siebschöpfer heraus und dickt den Saft bis zur Geleeprobe ein.

Schneemasse: Festgeschlagener Schnee wird mit dem Honig leicht vermischt.

Weizentommerl

30 dag (300 g) griffiges Weizenvollkornmehl
1 dag (10 g) Germ (Hefe)
1/2 l Milch
1 Eßl. Honig
3 Eier
1 Tl. Vollmeersalz
25 dag (250 g) getrocknete Apfelspalten
5 dag (50 g) Butter

Das Weizenvollkornmehl wird mit der abgebröselten Germ und den anderen Zutaten verrührt. Am Schluß werden die Apfelspalten daruntergemischt. Die Masse wird zwei Finger hoch in eine gebutterte Kasserolle gefüllt und im Rohr bei mittlerer Hitze gebacken.
Das Tommerl wird in Portionsstücke geschnitten und mit Zimt und Honig verfeinert gegessen.

Haselnußkuchen

15 dag (150 g) Haselnußkerne
1 Tl. Backpulver
3 Eier
15 dag (150 g) Honig
1 Prise Vollmeersalz
Butter und feine Semmelbrösel für die Form

Haselnußkerne mahlen und mit dem Backpulver mischen. Eier und Honig schaumig rühren, Nußmehl und die Prise Vollmeersalz unterheben. Teig in eine gut ausgefettete, mit Semmelbröseln ausgestreute Kranzform füllen.
Kuchen im vorgeheizten Ofen auf der mittleren Schiene 40 Minuten bei 175 Grad backen.
Aus dem Ofen nehmen, 5 Minuten in der Form abkühlen lassen, aufs Kuchengitter stürzen und mit einem Küchentuch bedeckt auskühlen lassen.

Haferflockentorte (altes, bewährtes Rezept)

50 dag (500 g) Vollkorn–Haferflocken
1 eigroßes Stück Butter
2 Eier
2 Eßl. Honig
1/4 l Milch
etwas Zitronenschale
1 Prise Vollmeersalz
4 Eßl. Rosinen
1 1/2 Päckchen Backpulver
Vollkornsemmelbrösel
25 dag (250 g) Marmelade

1/2 kg Vollkornhaferflocken dreht man durch eine Küchenmaschine, dann rührt man 1 eigroßes Stück Butter schaumig, tut 2 Eidotter und den Honig dazu, mengt zu der gut abgerührten Masse die Haferflocken, 1/4 l Milch, etwas abgeriebene Zitronenschale und 1 Prise Vollmeersalz und rührt diese Mischung 1/2 Stunde von Hand. Dann erst mischt man 4 Eßl. Rosinen, 1 1/2 Päckchen Backpulver und zuletzt den steifen Eischnee von den Eiern dazu und füllt den Teig in eine ausgestrichene, mit Bröseln ausgestreute Springform und läßt sie knapp 1 Stunde backen. Diese ausgezeichnete Torte kann man, wenn sie völlig erkaltet ist, auseinanderschneiden und mit Marmelade füllen.

Niederösterreich

Niederösterreich ist das Land der Ströme, Berge und der Wälder um Wien, es ist das Gebiet der Nibelungenzüge und der Spuren römischer Vergangenheit; hier findet man Burgen, Schlösser und Weinberge oder auch große alte Stifte. Es läßt sich in vier Viertel einteilen. Nördlich der Donau liegt das Waldviertel, im Osten schließt sich flacher das Marchfeld und das Weinviertel an. Das Marchfeld zeigt schon den Übergang zum eigenartigen Reiz der pannonischen Steppe. Weiter reicht es zum Donauland und südlich der Donau zum niederösterreichischen Voralpenland. Die Einflußbereiche der Wiener Küche liefern eine besonders kultivierte Hausmannskost, wobei die Mehlspeisen auch hier einen breiten Raum einnehmen.

Weintraubenstrudel

Text zum Bild

Strudelteig Grundrezept

Fülle:

50 g (5 dag) Butter
25 g (2,5 dag) Honig
2 Eidotter
3 Eiweiß
20 g (2 dag) Honig
20 g (2 dag) Weizenvollkornmehl
30 g (3 dag) Vollkornsemmelbrösel
Vanille
Zitrone
Zimt
1000 g (100 dag) Weintrauben

Butter und Honig schaumig rühren. Die Eidotter einrühren. Das Vollkornmehl und die Vollkornsemmelbrösel einrühren. Die Gewürze unterrühren. Das Eiweiß mit Honig steif schlagen. Vorsichtig unter die Masse heben. Die Masse 2/3 über den ausgezogenen Teig streichen, den Rand mit Honig bestreichen. Auf die ausgestrichene Masse dicht die Weintrauben verteilen, einrollen, in eine gefettete Wanne legen und bei 200 Grad ca. 30 Minuten backen. Während des bakkens mit Butter bestreichen.

Text zum Bild

Gebackene Waldviertler Knödel

25 dag (250 g) Erdäpfel (Kartoffeln), in der Schale gekocht
25 dag (250 g) rohe Erdäpfel (Kartoffeln)
1 kl. Zwiebel
1 Knoblauchzehe
2 Eßl. gehackte Petersilie
5 dag (50 g) Weizenvollkorngrieß
3 dag (30 g) Weizenvollkornbrösel
10 dag (100 g) Topfen (Magerquark)
1 Ei
2 Eßl. Butter

Die gekochten Erdäpfel schälen, noch heiß passieren, dazu reibt man die geschälten, rohen Erdäpfel, gibt die feingehackten Zwiebelwürfel, den zerdrückten Knoblauch, Ei, Vollkornbrösel, Weizenvollkorngrieß, den durch ein Leinentuch gedrückten Topfen und die gehackte Petersilie dazu.
Man formt 8–10 Knödel, setzt diese in eine gefettete Auflaufform, bestreut mit Butterflocken und backt im vorgeheizten Rohr bei 180 Grad ca. 40 Minuten.

Text zum Bild

Rohnensalat mit Schwarzwurzeln

2 Rohnen (Rote Beete)
4 Schwarzwurzeln
1 Sellerie
10 dag (100 g) Mayonnaise (siehe Grundrezept)
1 Bund Schnittlauch

Die Rohnen, Schwarzwurzeln und der Sellerie werden in einer Küchenmaschine feingehackt, mit Mayonnaise und Schnittlauch vermischt.

Marchfelder Erbsensuppe

500 g (50 dag) frische Erbsen
2 l Gemüsebrühe
40 g (4 dag) Butter
4 El Vollkornmehl
2 Bund Petersilie
Vollmeersalz

Erbsen in die Gemüsebrühe geben, salzen, ca. 20 Minuten kochen. Die Butter erhitzen, das Vollkornmehl einrühren, eine Einmach machen.
Diese Einmach durch ein Haarsieb in die kochende Suppe rühren. Die Petersilie zum Schluß kleingeschnitten unterrühren.

Käsesalat "Wachau"

50 dag (500 g) Gouda
15 dag (150 g) säuerliche Äpfel
20 dag (200 g) grüne Weintrauben
7,5 dag (75 g) Walnußkerne
2–3 Eßl. Joghurt
2 Eßl. Mayonnaise
Saft einer ausgepreßten Zitrone
1 Tl. Senf
Brecht's Kräutersalz und Delikata
10 dag (100 g) gekeimter Hafer

Käse in kleine Würfel schneiden, Äpfel entkernen, ebenfalls würfeln. Die Weintrauben halbieren, alles mit gekeimten Hafer vermischen. Marinieren mit Joghurt, Mayonnaise, Zitronensaft, Senf, Kräutersalz und Delikata. Auf Salatblättern angerichtet und mit Walnußhälften belegt servieren.

Weintraubensalat

50 dag (500 g) blaue Weintrauben
2 Boskop
2–5 Eßl. trockener Weißwein
1/2 Becher Joghurt
etwas frischer Rahm (süße Sahne)
2 Eßl. Honig
geriebene Haselnüsse

Die Weintrauben waschen und entkernen, die Boskop in Stücke schneiden, das Gehäuse entfernen und dann nochmals in Würfel schneiden, im Zitronensaft schwenken. Joghurt mit Sahne, Weißwein und Honig zu einer sämigen Soße verrühren. Die Weintrauben und Apfelwürfel mischen, die Joghurtsoße unterheben, sodann die geriebenen Haselnüsse obenaufstreuen.

Semmelknödel

400 g (40 dag) Vollkornknödelbrot
3 Eier
100 g (10 dag) Zwiebeln
1/2 Bund Petersilie
Muskat, Vollmeersalz,
Pfeffer, Vollkornmehl

Das Vollkornknödelbrot mit etwas Milch befeuchten. Die Eier dazugeben. Die Zwiebeln anrösten und unterrühren. Mit den Gewürzen abschmecken. Evtl. noch Vollkornmehl unterrühren. Knödel formen und in Salzwasser ca. 20 Minuten kochen.

Salat mit Joghurtmarinade

15 dag (150 g) Fisolen (grüne Bohnen)
15 dag (150 g) Erbsen
2 Paradeiser (Tomaten)
15 dag (150 g) Karotten
Kopfsalat
1 Zwiebel
1–2 Eier
3/4 Becher Joghurt
2 Eßl. saurer Rahm
2 Eßl. Mayonnaise (siehe Grundrezept)
Vollmeersalz
Pfeffer
Essig
Borretsch
Petersilie und Schnittlauch

Fisolen durchbrechen, notfalls abfädeln, in wenig Salzwasser ca. 30 Minuten kochen. Gekochte Fisolen, die blanchierten Erbsen und die gewürfelten Karotten in eine Schüssel geben, in Scheiben geschnittene Paradeiser und hartgekochte Eier, Salatblätter und Zwiebelringe vorsichtig daruntermischen, mit der Kräuterjoghurtmarinade servieren.

Kräuterjoghurtmarinade:
Joghurt mit saurem Rahm und Mayonnaise glattrühren, mit Essig, Vollmeersalz und Pfeffer abschmecken und feingewiegten Borretsch, Petersilie und Schnittlauch hinzufügen.

Einmachsuppe

Aus 12 dag (120 g) Butter und 10 dag (100 g) Weizenvollkornmehl wird eine leichte Einmach bereitet, in der man etwas feingehackte Petersilie anrösten läßt. Dann gießt man mit Wasser auf und salzt nach Geschmack. In diese Einmachsuppe können zur Verbesserung weichgekochte Karfiolröschen (Blumenkohl) oder feingeschnittene Champignons eingekocht werden. In diesem Fall wird die Suppe mit dem Gemüsewasser aufgegossen.

Brotsuppe

Zwiebel wird in Butter schön goldgelb geröstet, dann gibt man würflig geschnittenes Weizenvollkornbrot dazu und gießt soviel Wasser auf, als Suppe gewünscht wird. Die Suppe wird mit Cenovis klarer Gemüsebrühe und der Pastete Vitam R verbessert. Vor dem Anrichten wird pro Person 1 Ei in die Suppe hineingesprudelt.

Oasuppn (Eiersuppe)

1 große Zwiebel
1 Eßl. Butter
1 l Wasser
2 Eier
Vollmeersalz
Pfeffer
Schnittlauch

Die Zwiebel fein schneiden und in der Butter rösten. Mit Wasser aufgießen. Wenn das Wasser kocht, 2 ganze Eier hineinsprudeln. Mit Vollmeersalz und Pfeffer würzen und mit Schnittlauch bestreut zu Tisch bringen.

Schwammerlsuppe

3/4 kg Schwämme (Pilze)
6 dag (60 g) Butter
8 dag (80 g) Weizenvollkornmehl
Vollmeersalz
Pfeffer
Zwiebel
3 l Wasser
1/8 l bis 1/4 l saurer Rahm (saure Sahne)
saure Milch oder Buttermilch
Petersilie

Die geputzten, blättrig geschnittenen Schwammerl werden in Butter mit der gewürfelten Zwiebel, mit Vollmeersalz und Pfeffer weich gedünstet. Dann kommt das Weizenvollkornmehl über die Masse, alles wird mit Wasser aufgegossen und aufgekocht. Zum Schluß fügt man sauren Rahm bei.

Böhmische Suppe

25 dag (250 g) gelbe Erbsen werden gut weichgekocht und passiert. Die passierten Erbsen gibt man in eine Kasserolle und fügt 10 dag (100 g) gekochtes Ulmer Gerstel (feine Rollgerste), etwas feingeschnittene Petersilie, ein Stückchen Butter und ein Liter Cenovis klare Gemüsebrühe bei. Die Suppe wird mit Weizenvollkornsemmeln angerichtet.

Topfenauflauf

25 dag (250 g) Vollkornnudeln
50 dag (500 g) Topfen (Magerquark)
5 dag (50 g) Butter
3 Eigelb
Vollmeersalz
3 Eiklar
1/8 l Rahm (süße Sahne)

Vollkornnudeln in kochendem Salzwasser garen, auf ein Sieb zum Abtropfen geben und mit kaltem Wasser überspülen. Den Topfen durch ein Sieb streichen, Butter schaumig rühren, Eigelb und eine Prise Salz dazugeben.
Den durch das Sieb gestrichenen Topfen und zuletzt die Nudeln und den Schnee der Eier unterziehen. Die Masse in eine gefettete Auflaufform geben, 1/8 l Rahm darübergießen. Mit Vollkornsemmelbrösel und Butterflöckchen belegen und im Ofen goldgelb backen. Mit grünem Salat zu Tisch geben.

Topfenschöberl

2 Eier
50 dag (500 g) Weizenvollkornmehl
1/8 kg Streichtopfen (Magerquark)
1 MS Backpulver
Vollmeersalz
Petersilie

Der Eischnee wird geschlagen, dann kommen die Eidotter, der Streichtopfen, Vollmeersalz, gehackte Petersilie und das mit Backpulver vermischte Weizenvollkornmehl dazu. Man vermischt alles gut und gibt es auf ein befettetes Blech, 1 – 1 1/2 cm dick aufgestrichen wird die Masse bei 200 Grad goldgelb gebacken und erkaltet in kleine Rhomboide geschnitten. Diese Schöberl sind eine gute Suppeneinlage. Man kann einen Teil davon bis zum Gebrauch einfrieren.

Serviettenschnitten

Gleiches Rezept wie Semmelknödel. Man kann zusätzlich noch Erbsen und Champignons beimengen. Eine Stoffserviette auslegen, die Knödelmasse in Stangenform einlegen und in die Stoffserviette einrollen. An den Enden zubinden, in gesalzenem Wasser ca. 20 Minuten kochen.
Dann in Schnitten schneiden und in Butter anbraten.

Taschenknödel

Nudelteig siehe Grundrezept
1 kg Weizenvollkornmehl
1–3 Eier
Vollmeersalz
10–15 dag (100–150 g) Butter
Milch

Man bereitet einen Nudelteig – wie im Grundrezept –, walkt davon Flecke aus, die man mit zergangener Butter bestreicht. Zuerst schlägt man den Teig von beiden Seiten bis zur Mitte ein, dann macht man dies auf die gleiche Weise von den beiden anderen Seiten, so daß man ein Täschchen bekommt, das man mit einem Holzstäbchen zusammensteckt. Die sogenannten Knödel läßt man in siedendem Salzwasser ca. 25 Minuten kochen. Nach dem Abseihen Sauerkraut dazu reichen.

Topfengrießknödel

9 dag (90 g) Butter
3 Eier
30 dag (300 g) Topfen (Magerquark)
Vollmeersalz
12 dag (120 g) Vollkorngrieß
Butter
saure Sahne
Vollkornsemmelbrösel

Butter mit Eidotter schaumig rühren. Den durch ein Leinentuch gedrückten Topfen, 1 Prise Vollmeersalz und Vollkorngrieß darunterrühren und die Masse 1 Stunde stehenlassen, damit der Gries gut quellen kann. Hierauf den steifen Schnee der 3 Eiweiße unterziehen und mit feuchter Hand oder in kochendes Wasser getauchtem Löffel Nockerl ausstechen. In kochendes Salzwasser einlegen, 10–15 Minuten kochen lassen.

Mit in Butter gerösteten Vollkornsemmelbröseln und dem Sauerrahm anrichten. Dazu paßt eine Salatplatte.

Gebackener Karfiol

1 Karfiol (Blumenkohl)
Vollkornsemmelbrösel
Diäsan oder Cokofit zum Ausbacken

Geputzte Karfiolrosen werden rasch überkocht, zerteilt, paniert und in heißem Fett gebacken. Dazu reicht man eine Sauce Tartar.

Gebackener Sellerie

2 dicke Sellerie
Vollkornsemmelbrösel
Diäsan zum Ausbacken

1/2 cm dicke Selleriescheiben läßt man in Wasser halbweich kochen oder vordünsten, dann abtropfen, paniert sie und bäckt sie in Fett.
Dazu paßt: Sauce Tartar

Staudensellerie mit Roquefortcreme

1 Staudensellerie
1 feste Birne
1 Stange Lauch
1 Eßl. Zitronensaft
5 dag (50 g) Roquefort
1/2 Becher Creme fraiche
Pfefferkörner
weißer Pfeffer
Vollmeersalz

Die Stengel des Staudensellerie in kleine mundgerechte Stücke schneiden. Die Birne mit der Schale entkernen und in dünne Schnitze aufteilen, die man mit Zitronensaft überträufelt. Den Lauch in breite Ringe zerschneiden und alles dekorativ auf einen flachen Teller als Portionsgericht dekorieren. Dann Roquefort mit Creme fraiche, weißem Pfeffer sowie Vollmeersalz zu einer Creme verrühren und über Birne und Sellerie gießen und mit Pfefferkörnern bestreuen.

Niederösterreich

Apfelschlankerl

30 dag (300 g) Weizenvollkornmehl
7 dag (70 g) Butter
5 dag (50 g) Honig
1 Ei
1/8 l Milch
1/2 Backpulver
Fülle:
1 kg Äpfel
5 dag (50 g) Honig
Zimt

Das Weizenvollkornmehl wird mit dem Backpulver vermischt und mit den übrigen Zutaten zu einem weichen Teig geknetet, der mindestens eine halbe Stunde lang rasten soll. Man walkt ihn dann rasch aus, belegt ihn mit blättrig geschnittenen Äpfeln, gießt verflüssigten Honig darauf und bestreut mit Zimt. Schlägt die Ränder darüber, bestreicht mit Ei und bäckt bei mittelstarker Hitze, 200 Grad, ca. 30 Minuten.

Traubenreisschaum

15 dag (150 g) Vollwertreis mit 1 Eßl. Honig und Milch zu einem normalen Milchreis kochen. Dann den Saft und das Abgeriebene einer Zitrone, 1 Gläschen Rum und eine Messerspitze Vanillegewürz zusetzen. Zuletzt mit 4 Gläschen Feigenlikör und 2 Eiweiß mit 1 Eßl. Honig zu Schnee schlagen, diesen darunterheben, den Reisschaum mit reichlich in Weinbrand getauchten Trauben vermischen und in Gläser füllen. Gut kühlen, bevor das Dessert serviert wird.

Rohkosttopfenaufstrich

20 dag (200 g) Streichtopfen (10%iger Quark)
1 Karotte
1/4 Sellerie
Radieschen
1/8 l Milch
1 Kaffeelöffel Petersilie
Knoblauch
Vollmeersalz

Streichtopfen und Milch vermengen, Karotte und Sellerie in die Masse reiben, Vollmeersalz, feingeschnittene Radieschen, Petersiliengrün und Knoblauch dazu, mit Radieschen und Petersiliengrün garnieren.

Topfenkrapferln

25 dag (250 g) Topfen (Magerquark), möglichst sehr trockenen Topfen
6 dag (60 g) Butter
15 dag (150 g) feines Weizenvollkornmehl
4 Eßl. Honig
Saft und abgeriebene Schale einer unbehandelten Zitrone
6 dag (60 g) Rosinen
1 Prise Vollmeersalz
Diäsan zum Ausbacken

Den durch ein Leinentuch gedrückten Topfen, die weiche Butter, das Vollkornmehl und die übrigen Zutaten zu einem Teig verarbeiten. Mit einem Eßlöffel Krapferln abstechen. Löffel jeweils zuvor in lauwarmes Wasser tauchen. Die Krapferln im gut heißen Fett schwimmend goldfarben ausbacken.
Dazu paßt eine Fruchtsoße hervorragend z.B. Ribiselfruchtsoße (Johannisbeeren): 30 dag (300 g) abgeperlte, gewaschene Ribisel im Mixer pürrieren. Mit Honig, Vanillgewürz abschmecken.

Germstrudel

1/2 kg Weizenvollkornmehl
2 dag (20 g) Germ (Hefe)
5 dag (50 g) Honig
4 dag (40 g) Butter
allenfalls 2 Eidotter
Vollmeersalz
1/4 l Milch
Fülle:
kaltgesch. Marmelade
Topfen (Magerquark) durch ein Leinentuch gedrückt
(Topfenfülle wie bei Topfenbuchteln)
Zimt
Honig

Der aufgegangene Germteig wird ausgerollt, mit der Fülle bestrichen oder bestreut, zusammengerollt, auf ein gefettetes Blech gegeben, aufgehen lassen und backen. Besonders gut ist es, wenn man den ausgewalkten Teig mit zerlassener Butter bestreicht und darauf erst die Fülle streicht. Bei 200–220 Grad ca. 20–30 Minuten backen.

Nußstrudel

Zutaten und Zubereitung wie Germstrudel
Fülle:
30 dag (300 g) Nüsse, gerieben
5 dag (50 g) Honig
1/4 l Milch
Zimt
Vanille

In heiße Milch rührt man geriebene Nüsse, Vanille, Zimt und den Honig ein. Diese Masse gibt man dann auf den Strudelteig. Bei 200–220 Grad ca. 20–30 Minuten backen.

Mohnstrudel

Zutaten und Zubereitung wie Germstrudel
Fülle:
1/8 l Milch
3/8 l Mohn, gemahlen
Zitronenschale von 1 Zitrone
Zimt
2 dag (20 g) Weinbeerln
5 dag (50 g) Honig

In die kochende Milch rührt man den gemahlenen Mohn und die anderen Zutaten ein. Bei 200–220 Grad ca. 20–30 Minuten backen.

Ribiselkuchen

Mürbteig wie Grundrezept
50 dag (500 g) Ribisel (Johannisbeeren)
3 Eier, getrennt
10 dag (100 g) Honig
12,5 dag (125 g) geriebene Haselnüsse

Mürbteig in Form auslegen, halbfertig backen, danach Ribiseln waschen, abtropfen und abzupfen.
Die Eidotter mit dem Honig schaumig rühren, die Haselnüsse beigeben und mischen. Eiweiß zu steifem Schnee schlagen und unter die Eidotter–Nußmasse heben. Zuletzt die Ribiseln dazugeben und in die mit Mürbteig ausgelegte Form verteilen und glattstreichen. Im vorgeheizten Rohr bei 190 Grad ca. 40–45 Minuten backen.

Wachauer Apfelkuchen

1 Ei
10 dag (100 g) Honig
1 Prise Vollmeersalz
10 Eßl. Milch
2 Eßl. Butter
20 dag (200 g) Weizenvollkornmehl
2 Tl. Backpulver
Zum Füllen:
2 Äpfel
1 Eßl. Honig
3 Tl. Zimt
außerdem Butter und Semmelbrösel für die Form

Ei, Honig und Vollmeersalz schlagen. Milch, die geschmolzene, abgekühlte Butter und das mit dem Backpulver gemischte Weizenvollkornmehl einrühren.
Äpfel schälen, achteln und dabei entkernen, Honig und Zimt mischen, Apfelstücke darin wenden.
Teig in eine eingefettete und mit Semmelbröseln ausgestreute Form füllen. Apfelstücke eindrücken und die restliche Honig–Zimt–Mischung daraufstreuen.
Form auf die vorgeheizte mittlere Schiene im Backofen stellen, Teig bei 200 Grad Hitze 30 Minuten backen lassen.

Haselnußgermrolle

Teig:
50 dag (500 g) Weizenvollkornmehl
4 dag (40 g) Germ (Hefe)
2 Eßl. Honig
10 dag (100 g) Butter
1/2 abgeriebene Zitronenschale
1/4 l lauwarme Milch
Füllung:
10 dag (100 g) Marzipan–Rohmasse
7,5 dag (75 g) Honig
15 dag (150 g) geriebene Haselnüsse
2 Eßl. Rum
1/2 Tl. gemahlener Zimt
2 Eiweiße
1 Eidotter

Aus den Germteigzutaten einen geschmeidigen Teig nach dem Grundrezept bereiten. Marzipan–Rohmasse mit Honig, den Eiweißen und Haselnüssen gut vermengen. Aromatisieren mit Zimt und Rum.
Germteig auf ca. 40 x 40 cm ausrollen und mit der Nußmasse bestreichen. Die Ränder des Teigquadrats sollten freibleiben und diese mit Eidotter bestreichen. Dann zusammenrollen. Die Rolle mit dem restlichen Eidotter bestreichen. Die Haselnußrolle auf ein gefettetes Backblech legen, 15 Minuten gehen lassen und bei 220 Grad etwa 30 Minuten backen.

Marillen Kapselkuchen

50 dag (500 g) Weizenvollkornmehl
4 dag (40 g) Germ (Hefe)
5 dag (50 g) Honig
1/8 l lauwarme Milch
20 dag (200 g) getrocknete Marillen (Aprikosen)
10 dag (100 g) gehackte Mandeln
2 Eier
15 dag (150 g) Butter
1 Prise Vollmeersalz
1 abgeriebene Zitrone
4 dag (40 g) zerlassene Butter

Das frischgemahlene Weizenvollkornmehl in eine Schüssel geben, eine Mulde eindrücken und darin mit der zerbröckelten Germ und etwas Milch ein Dampfl bereiten. Zugedeckt ca. 15 Minuten gehen lassen. Währenddessen die getrockneten Marillen kleinschneiden, mit den Mandeln und der abgeriebenen Zitronenschale vermengen. Nun die Eier, die weiche Butter in Flocken, die Prise Vollmeersalz in eine Schüssel geben und einen Germteig bereiten. Gut kneten, bis er Blasen bildet. Zuletzt die Marillenmischung unterkneten. Aus der Teigmasse 3 Rollen formen, zu einem Zopf flechten und in eine gut ausgefettete Kastenform geben. Im gut vorgeheizten Ofen etwa 1 Stunde bei 200 Grad backen.

Oberösterreich

Oberösterreich ist durch drei verschiedene Landesteile charakterisiert und erstreckt sich vom Dachsteinmassiv zum Böhmerwald, vom Inn bis zur Enns. Es teilt sich auf in das Mühlviertel nördlich der Donau, in das fruchtbare Innviertel im Westen, dem Alpenvorland und der Hochgebirgsregion. Hier finden wir den klassischen Vierkanthof, einzeln oder in Weilern, unterbrochen von kleinen Marktflecken und Landstädtchen, mächtige Klöster, deren Gründung bis auf bayerische und fränkische Frühzeit zurückgeht.
Wie in allen anderen Bundesländern in Österreich finden wir auch hier noch eine kräftige, derbe Hausmannskost – vor allen Dingen auch Knödel und Kraut – als beliebtes Essen.

Linzer–Kuchen

Text zum Bild

25 dag (250 g) gemahlene Mandeln
20 dag (200 g) Weizenvollkornmehl
20 dag (200 g) Honig
1 gehäufter Tl. Kakao
1 Tl. Zimt, gemahlen
2 MS Vanillegewürz
1 MS Nelken, gemahlen
2–3 Eiweiß und Eidotter
25 dag (250 g) Butter
1 Eidotter
20 dag (200 g) Pflaumen – Dattelmus ohne Zucker

Die gemahlenen Mandeln, Vollkornmehl, Kakao, Zimt, Vanille, Nelken vermengen, in der Mitte eine Mulde eindrücken, die Eidotter in die Mitte geben, Butter in Flöckchen auf den Mehlrand setzen, Honig dazugeben und rasch zu einem Teig verkneten. Das Eiweiß zu Schnee schlagen und untermengen. Den Teig zugedeckt im Kühlschrank ruhen lassen. Dann 2/3 des Teiges auswellen und in die gut ausgefettete Springform legen. Der Rand sollte 2 cm hoch sein. Pflaumen–Dattelmus auf den Teigboden streichen. Da durch den höheren Eieranteil die Masse leichter ist, muß der Teig in einen Dressiersack gefüllt werden, und dann wird ein Gitter auf die Füllung gespritzt. und mit Eidotter bestrichen. Im vorgewärmten Ofen bei 180 Grad ca. 1 Stunde backen.

Nelken

Text zum Bild

Schwammerlomeletten

30 dag (300 g) Weizenvollkornmehl
1–3 Eier
Vollmeersalz
gut 3/4 Liter Milch
Fett zum Backen
Fülle:
40 dag (400 g) Schwämme (Pilze)
4 dag (40 g) Butter
Vollmeersalz
Pfeffer
Petersiliengrün
(allenfalls 2–4 Eier)

Man bereitet von den Zutaten einen Tropfteig. In einer Omelettenpfanne läßt man Fett heiß werden, gießt einen Schöpfer voll Teig hinein und bäckt ihn auf beiden Seiten schön braun.
Man gibt die geputzten Schwammerl in zerlassene Butter, salzt, pfeffert und läßt sie unter Aufgießen weich dünsten. Petersilienkraut wird beigefügt und allenfalls kann man einige Eier darüberschlagen, die man bis zum Hartwerden röstet. Die fertigen Omeletten werden mit dieser Fülle bestrichen und zusammengerollt.

Text zum Bild

Topfenkaltschale mit Früchten

20 dag (200 g) Streichtopfen (10%iger Quark)
2 Eidotter
2 dag (20 g) Eiklar
1/4 l Schlagobers (süße Sahne)
5 dag (50 g) Honig
kleingeschnittene eingelegte Früchte
1 MS Vanillegewürz
Zitronensaft
3 dag (30 g) feingehackte Nüsse

Topfen mit Eidotter, Honig, Vanillegewürz, Zitronensaft abtreiben, das Obers steifschlagen, leicht darunterrühren. Dann kleingeschnittene Früchte und gehackte Nüsse daruntermengen und zum Schluß den steifgeschlagenen Schnee leicht unterziehen.
In Becher geben und mit Früchten verzieren, mit etwas Schlagobers bespritzen und kaltstellen.

Vogerlsalat

10 dag (100 g) Vogerlsalat
1 Radicchio-Kopf
5 dag (50 g) Champignons
1 kleine rote Zwiebel
1 Walnuß
2 Eßl. Pflanzenöl
1 Eßl. Walnußöl
1 Eßl. Obstessig
weißer Pfeffer
Vollmeersalz
Schnittlauch

Radicchio- und Vogerlsalatblätter verlesen, abwaschen, sorgfältig trocknen. Zwiebeln in Ringe schneiden. Die Pilze blättrig schneiden. Öl, Essig, Pfeffer und das Vollmeersalz vorsichtig miteinander verrühren, nicht binden, die Zutaten damit überziehen und mit gehackter Walnuß sowie etwas Schnittlauch bestreuen.

Oberösterreich

Eisbergcocktail

1/4 Eisbergsalat
2 Paradeiser (Tomaten)
1 rote Paprikaschote
1 grüne Paprikaschote
1/2 Becher Joghurt
2 Eßl. Mayonnaise
1 Tl. Paradeismark (Tomatenmark)
1 kleine Zwiebel
etwas Honig
schwarzer Pfeffer
Vollmeersalz
1 Eßl. Basilikum
1 Eßl. Estragon

Den Eisbergsalat raffeln, Paradeiser und Paprikaschoten entkernen und in dünne Streifen schneiden. Alle übrigen Zutaten nun gut miteinander verrühren, bis eine sämige Soße entsteht, evtl. mit etwas frischem Rahm verdünnen. Die Salatzutaten in eine Schüssel füllen und die Marinade darübergießen.

Birnenkäsesalat

1 Apfel
3 hartgekochte Eier
2 Birnen
3 Paradeiser (Tomaten)
30 dag (300 g) Käse (Tilsiter)
Marinade:
2 Eßl. Essig
1 Eßl. kaltgeschlagenes Öl
1 Eßl. Wasser
1/2 Tl. Vollmeersalz
1/2 Löffel Honig
grob gemahlener Pfeffer

Den Apfel gut waschen und mit der Schale in Stifte schneiden, mit etwas Zitronensaft beträufeln. Die Eier und Birnen ebenfalls mit etwas Zitronensaft beträufeln und in Scheiben schneiden. Paradeiser achteln und den Käse grob raspeln.
Sämtliche Zutaten vorsichtig miteinander vermischen und auf einem großen Teller anrichten, mit der Marinade begießen und mit etwas grob gemahlenem Pfeffer bestreuen.

Butternockerl

10 dag (100 g) Butter
2 Eier
2 Eßl. Milch
Vollmeersalz
16 dag (160 g) Weizenvollkornmehl

Butter wird flaumig gerührt, dann kommen Eidotter, Milch, Vollmeersalz und zuletzt Weizenvollkornmehl und Schnee hinzu. Aus dem Teig werden mit einem Löffel Nockerl geformt, in kochende Suppe eingelegt (klare Gemüsebrühe) und 10 Minuten kochen lassen.

Grießnockerl

2 Eier
9 dag (90 g) Butter
18 dag (180 g) Vollkorngrieß
Vollmeersalz
2 Eßl. Wasser

Die Butter wird flaumig gerührt, dann gibt man Eier, Vollmeersalz, Weizenvollkorngrieß und Wasser hinzu und läßt den Teig 20 Minuten ziehen. Es werden mit einem Löffel Nockerl in die kochende Suppe gelegt, die man 5 Minuten kochen und 20 Minuten am Herdrand ziehen läßt.

Rohnensuppe

2 mittelgroße Rohnen (rote Beete)
9 dag (90 g) Roggenvollkornmehl
1 l Gemüsebrühe
1/2 feingehackte Zwiebel
Saft einer 1/2 Zitrone
Vollmeersalz
Pfeffer
Brecht's Endoferm
1 Eßl. Cenovis Bierhefepulver
2 Eßl. frische Petersilie

Gemüsebrühe aufkochen, das Roggenvollkornmehl einrieseln lassen und unter öfterem Umrühren quellen lassen. Währenddessen die Rohnen gründlich waschen, wenn nötig schälen und fein raspeln, die Zwiebel schälen und in feine Würfel schneiden, beides in die Suppe geben und etwa 1/4 Stunde köcheln. Die Suppe wird abgeschmeckt mit Zitronensaft, Vollmeersalz, Pfeffer, Endoferm und Bierhefepulver. Vor dem Servieren mit gehackter Petersilie bestreuen.

Suppe aus echten Reizkern

25 dag (250 g) echte Reizker (Pilze)
1 kleine Zwiebel
1 Eßl. Butter
1 Eßl. gehackte Petersilie
Vollmeersalz
weißer Pfeffer
46 dag (460 g) Champignon
8 Eßl. Schlagrahm (süße Sahne)
1/2 l Wasser
1 Glas Sherry fino
1 Eßl. gemischte Kräuter

Pilze putzen, waschen, kleinschneiden; im geschlossenen Topf bei geringer Hitze im eigenen Saft dünsten; Pilzbrühe abgießen und aufbewahren.
Geschälte Zwiebeln fein hacken, mit der Butter zu den Pilzen geben, durchbraten, Topf vom Herd nehmen; Petersilie einrühren; mit Vollmeersalz und Pfeffer abschmecken, Champignons erhitzen, Reizkerbrühe dazugießen. Schlagrahm und Wasser zugeben. Sie brauchen etwa einen Liter Suppe. Reizker zugeben, unter Rühren aufkochen. Mit Vollmeersalz, Pfeffer und Sherry abschmecken. Nicht mehr kochen. Kräuter unterheben und servieren.
Dazu paßt: Roggenvollkorn-Toast, Weizenvollkornbrot, Käse-Gebäck.

Sahne–Topfen–Auflauf

4 Eier
1 Prise Vollmeersalz
5 dag (50 g) Honig
20 dag (200 g) gemahlene Mandeln
5 dag (50 g) Weizenvollkornmehl
40 dag (400 g) Topfen (Magerquark)
1/4 l Schlagsahne
Butter zum Einfetten der Form

Eier, Vollmeersalz und Honig hell und schaumig rühren. Die gemahlenen Mandeln, das Weizenvollkornmehl und den Topfen unterrühren. Sahne schlagen und unterheben. Eine flache, feuerfeste Form mit Butter einfetten und den Teig einfüllen. Im vorgeheizten Ofen bei 200 Grad auf der unteren Schiene backen.

Pilzauflauf

1 Zwiebel
40 dag (400 g) Schwammerl (Pilze)
5 Eßl. Butter
1 Eßl. gehackte Petersilie
1/2 Weizenvollkornbrot vom Vortag
1/8 l Milch
1 gestr. Eßl. Weizenvollkornmehl
1/4 l Schlagrahm (Süße Sahne)
Vollmeersalz
weißer Pfeffer
Butter für die Form
2 Eier
5 dag (50 g) geriebener österr. Hartkäse

Zwiebeln schälen und fein hacken, Schwammerl putzen und abspülen. Grob hacken. Butter in der Bratpfanne erhitzen. Zwiebel, Schwammerl und Petersilie darin dünsten, bis die Schwammerlbrühe verdampft ist. Brotkruste abschneiden, Brot in dünne Scheiben schneiden. In eine Schüssel legen, Milch daraufgießen und sie aufsaugen lassen.
Schwammerl mit Weizenvollkornmehl bestreuen und die Hälfte des Schlagrahms zusetzen. Dann die eingeweichten Brotscheiben unter die Schwammerlmasse heben. Würzen, Masse in eingefettete, feuerfeste Form füllen. Eier mit dem restlichen Schlagrahm verquirlen. Geriebenen Käse einrühren, etwas würzen. Auf die Auflaufmasse gießen, auf der mittleren Schiene im vorgeheizten Ofen bei 225 Grad ca. 25 Minuten backen. Dazu paßt: Kopfsalat, Rettich in dünnen Scheiben, Vollwertreis oder Weizenvollkornbrot.

Topfennudeln

50 dag (500 g) Topfen (Magerquark)
20 dag (200 g) Weizenvollkornmehl
Vollmeersalz
4 Eier
30 dag (300 g) Butter
0,2 l saurer Rahm
2 dag (20 g) Fett
1/2 Zitronenschale
8 dag (80 g) Honig

Der durch ein Leinentuch gedrückte Topfen wird mit Weizenvollkornmehl, Vollmeersalz, 1 Kaffeelöffel Honig, etwas Rahm und 1 Ei auf einem Brett tüchtig geknetet. Dann wird der Teig nicht sehr dünn ausgerollt, in breite Nudeln geschnitten, in Salzwasser gekocht, mit kaltem Wasser überspült und abtropfen lassen.
Die Butter mit 3 Eidottern verrühren, 0,15 l Rahm, den Rest Honig und die feingeriebene Zitronenschale zufügen, mit den Nudeln vermengen, mit dem steifgeschlagenen Eiweiß mischen. In einer mit Fett und Bröseln ausgestrichenen Auflaufform auf mäßigem Feuer hellbraun backen und mit etwas Honig süßen.

Spinatpudding

8 dag (80 g) Butter
4 Eidotter
1/2 kg roher Spinat
Petersiliengrün
1 dag (10 g) Butter
2 Vollkornsemmeln
Milch zum Einweichen der Semmeln
1/16 l saurer Rahm
Klar von 4 Eiern
3 dag (30 g) Vollkornsemmelbrösel
5 dag (50 g) Butter
3 dag (30 g) Brösel
Vollmeersalz
Butter und Brösel für die Form

Der Spinat wird gründlich gewaschen und mit wenig Wasser gegart. Dann wird er passiert. Die Petersilie wird gewaschen, klein geschnitten und in wenig Butter geschwenkt. Die Vollkornsemmeln werden in Milch eingeweicht, ausgedrückt und passiert.
Nun kommen der Spinat, die Petersilie und die Semmelmasse zu dem Butter–Ei–Gemisch. Alles wird mit saurem Rahm, steifgeschlagenem Eiklar, Vollmeersalz und den Vollkornsemmelbröseln verrührt.
Dieses Gemenge füllt man in eine stark befettete, mit Bröseln ausgestreute Puddingform und kocht es 1 Stunde im Wasserbad. Den aus der Form gestürzten Pudding bestreut man mit in Butter angerösteten Semmelbröseln.
Wer es liebt, kann auch geriebenen Parmesan daraufstreuen.

Gefüllte Sellerie

1 mittelgr. Selleriekopf
20 dag (200 g) Gervais
5 dag (50 g) Butter
2 Eßl. Rahm (süße Sahne)
Vollmeersalz
Schnittlauch
Zitronensaft
Gartenkresse
Preiselbeerengelee

Den Selleriekopf in Salzessigwasser weichkochen, ganz vorsichtig aushöhlen. Eine schaumige Creme aus Gervais, Butter und Rahm rühren, mit Vollmeersalz, Zitronensaft und Schnittlauch abschmecken, die Masse in die Sellerie füllen und eine kleine Kuppe aufspritzen. Dann kühlstellen. Gartenkresse anrichten, Sellerie in Spalten teilen, mit Preiselbeerengelee verzieren. Dazu gehört Vollkorntoast.

Gefüllte Paprika

8 grüne Paprikaschoten
Salzwasser
Fülle:
30 dag (300 g) Weizenvollkornmehl
1 kleingeschnittene Zwiebel
3 dag (30 g) Fett
Petersiliengrün
Vollmeersalz
Pfeffer
Majoran
1 Knoblauchzehe
5 dag (50 g) Vollwertreis
1 Ei

An den Paprikaschoten die Stiele entfernen. An der Stielseite einen Deckel ausschneiden, die Paprika innen völlig entkernen und die weißen Fäden entfernen. Dann mit kochendem Salzwasser überbrühen, mit kaltem Wasser abschrecken und gut abtropfen lassen, mit der vorbereiteten Fülle füllen. Mit dem Deckel wieder verschließen. In eine befettete Kasserolle dicht nebeneinanderliegend einschichten, salzen, im heißen Rohr unter einmaligem Wenden braten, bis sich die Fülle steif anfühlt. Dann die vorbereitete Soße darübergießen, alles zugedeckt etwa 20 Minuten langsam dünsten.

Fülle: In heißer Butter feingeschnittene Zwiebel goldgelb rösten, überkühlen. Weizen schroten und 20 Minuten mit Wasser garen, mit gehackter Petersilie, Vollmeersalz, Pfeffer, Majoran und zerdrücktem Knoblauch nach dem Erkalten würzen, mit etwas Vollwertreis und dem Ei zu einer geschmeidigen Masse verarbeiten.

Paradeisäpfelsoße kann dazu gereicht werden.

Erdäpfelstrudel – Kartoffelstrudel

Strudelteig siehe Grundrezept
Fülle:
1 kg Erdäpfel (Kartoffeln)
2 Eier
etwas Milch
2 gr. Zwiebeln
3 Eßl. Sauerrahm
4 Eßl. Butterschmalz
Vollmeersalz
Pfeffer

Erdäpfel roh schälen und in kaltes Wasser hobeln, nudelig geschnittene Zwiebel im Butterschmalz goldgelb rösten.
Erdäpfel abseihen und in einem Tuch gut ausdrücken, so daß sie gut trocken werden. Erdäpfel mit den gerösteten Zwiebeln und dem Sauerrahm vermengen.
Den ausgezogenen Strudelteig dünn mit Butter bepinseln, die Erdäpfelmasse darüber verteilen. Die Eier mit etwas Milch versprudeln und über die Erdäpfelmasse streichen. Den Strudel einrollen. In eine befettete Bratpfanne oder auf ein Backblech gleiten lassen. Den Strudel an der Oberfläche nochmals mit Butter bepinseln und dann im vorgeheizten Backrohr bei 175 Grad ca. 30–40 Minuten backen, bis er eine goldgelbe Farbe hat.
Den Erdäpfelstrudel warm oder auch kalt mit Sauerkraut oder Krautsalat servieren.

Sauerkraut–Frischkost "pikant"

50 dag (500 g) Sauerkraut
2 Äpfel
4 Eßl. Paradeismark (Tomatenmark)
1 Zwiebel
1 Tl. Kümmel
1 Tl. Paprika, edelsüß
3–5 Eßl. kaltgeschlagenes Sonnenblumenöl

Man nehme das Sauerkraut und mische es mit den geriebenen Äpfeln (mit der Schale), dem Paradeismark, der geriebenen Zwiebel, dem Kümmel und dem Paprika. Nachdem man es gut gemischt hat, menge man das Öl dazu.

Gesundheitsbrot

5 dag (50 g) Butter
1/2 l Magermilch
5 dag (50 g) Germ (Hefe)
6 dag (60 g) Rosinen
10 dag (100 g) Weizenkeime
55 dag (550 g) Roggenvollkornmehl
1 – 1 1/2 Tl. Vollmeersalz
1 Tl. Fenchel
1 Tl. Anis
Weizenvollkornmehl

Butter und Milch in einem Topf lauwarm werden lassen. Germ in eine Backschüssel bröckeln, Rosinen, Weizenkeime und etwa die Hälfte des Roggenvollkornmehles zufügen. Magermilch zugießen, Vollmeersalz und Gewürze hineinmischen, restliches Roggenvollkornmehl hineingeben und Weizenvollkornmehl hineinkneten. Teig zugedeckt bis zur doppelten Menge am warmen Ort aufgehen lassen. Ungefähr 20 Minuten.

Teig nochmals kräftig kneten und zu Laiben formen. In eingefettete, glatte Brotteigformen oder aufs eingefettete Backblech legen. 40 Minuten gehen lassen. Brote in den vorgeheizten Ofen schieben (mittlere Schiene), Backzeit etwa 30 Minuten bei 200 Grad.

Brote unter einem Tuch auskühlen lassen.

Karottenbrotaufstrich

30 dag (300 g) Streichtopfen (10%iger Quark)
10 dag (100 g) Karotten
1 Apfel
Vollmeersalz
Milch
Schnittlauch

Streichtopfen mit feingeriebenen Karotten, Apfel, Vollmeersalz und Milch gut abschlagen und kühl stellen. Mit Schnittlauch bestreuen.

Feigen–Obst–Salat "Donau"

8 frische Feigen
2 Orangen
2 Äpfel
25 dag (250 g) blaue Trauben
2 cl Kirschwasser
Saft von 2 Zitronen
10 dag (100 g) Walnußkerne
1 MS Vanillegewürz (Brecht)
2 Eßl. Honig
1/8 l Schlagobers (süße Sahne)

Das gewaschene Obst zerkleinern (Trauben halbieren, Orangen u. Äpfel in Würfel schneiden, Feigen je nach Größe vierteln oder achteln). Mit dem Kirschwasser, Zitronensaft, Honig und Vanillegewürz marinieren. Der Obstsalat wird mit Schlagobers bzw. steifgeschlagener Sahne garniert und mit den grob gehackten Walnüssen bestreut.

Knuspereierkuchen mit Schlagrahmfüllung

2 Eigelb
knapp 1/4 l eiskaltes Wasser
1 Prise Vollmeersalz
12 dag (120 g) Weizenvollkornmehl
gut 1/8 l Schlagrahm (süße Sahne)
2 Eiweiß
Butter zum Braten
Zum Füllen:
Vanille–Schlagrahm

Eigelb mit Wasser, Vollmeersalz und Weizenvollkornmehl zu einem Teig rühren. Schlagrahm einmischen, Eiweiß zu steifen Schnee schlagen, locker unter den Teig heben.
Butter in einer Pfanne erhitzen, kleine dünne Palatschinken backen, Palatschinken mit Schlagrahm oder Speiseeis füllen und sofort servieren.
Dazu passen frische Beeren.

Hanni's Haferbusserl

12,5 dag (125 g) Butter
12 dag (120 g) Weizenvollkornmehl
1 1/2 Tl. Backpulver
7,5 dag (75 g) Haferflocken
10 dag (100 g) Honig
1 Prise Vollmeersalz
1 Tl. Zimt
1/4 Tl. Ingwerpulver
1 Ei

Butter zerlassen und abkühlen lassen. Alle trockenen Zutaten mischen, Butter und Ei unterarbeiten.
Teelöffelweise auf mit Pergamentpapier ausgelegte Bleche verteilen. Im vorgeheizten Ofen (mittlere Schiene) bei 175 Grad Hitze 8 Minuten backen.

Oberösterreich

Topfenstrudel (ein Hausrezept)

30 dag (300 g) Weizenvollkornmehl
6 dag (60 g) Butter
6 dag (60 g) Honig
1 Ei
1/2 Päckchen Backpulver
1/8 l Milch
1 Prise Vollmeersalz
Fülle:
14 dag (140 g) Butter
14 dag (140 g) Honig
1 MS Vanillegewürz
1 MS Vollmeersalz
4 Eidotter
4 Eiklar
1/2 kg Streichtopfen (Magerquark)
1/8 l Rahm (saure Sahne)
Zitronensaft

Weizenvollkornmehl mit Backpulver auf das Brett sieben, mit Butter abbröseln und mit Honig und den übrigen Zutaten zu einem Teig kneten und etwas rasten lassen. Rechteckig und fingerdick auswalken, mit Fülle belegen, übereinanderschlagen, mit Ei bestreichen und bei 200 Grad 35 Minuten backen.
Fülle: Butter schaumig rühren, Streichtopfen, Honig und die übrigen Zutaten gut unterrühren, zuletzt den steifen Schnee darunterziehen.

Mürbe Topfentorte

20 dag (200 g) Weizenvollkornmehl, sehr fein gemahlen
1/4 Päckchen Backpulver
5 dag (50 g) Honig
1 MS Vanillegewürz
1 Eidotter
4 Tropfen Zitronensaft
10 dag (100 g) Butter
Fülle:
2 Eidotter
5 dag (50 g) Honig
1 MS Vanillegewürz
25 dag (250 g) Streichtopfen (Magerquark)
Schnee von 2 Eiklar
geriebene Schale 1 Zitrone

Man knetet einen Teig, bedeckt den Boden einer Tortenform mit der Hälfte des Teiges, streicht die Fülle darüber, deckt die zweite Hälfte Teig darauf, bestreicht die Torte mit verrührtem Ei und backt sie bei mittlerer Hitze, (ca. 180 Grad) ca. 40 Minuten. Nach dem Backen wird die Torte mit Kokosstreuseln überstreut.
Fülle: Honig und Dotter werden schaumig gerührt, der Streichtopfen, die geriebene Zitronenschale und zuletzt der steifgeschlagene Schnee eingemengt.
Hinweis: Nach 2/3 der Backzeit den Rand mit einem Messer leicht einschneiden. Nach dem Backen auf ein Gitter stürzen und auskühlen lassen.

Ischler Törtchen

24 dag (240 g) Weizenvollkornmehl
24 dag (240 g) Butter
10 dag (100 g) Honig
15 dag (150 g) geriebene Haselnüsse
Zimt
Zitronenschale
Butter für das Blech
5 dag (50 g) Marmelade

Man bereitet einen Mürbteig, walkt ihn messerrückendick aus und sticht runde Scheiben aus. Von der Hälfte dieser Scheiben sticht man mit einem Fingerhut 3 Öffnungen aus. Man bäckt die Scheiben auf befettetem Blech, bestreicht die durchlochten mit etwas Honig, bestreicht die vollen mit etwas Marmelade und setzt die durchlochten darauf.

Apfel–Marzipan–Torte

Mürbteig:
20 dag (200 g) Weizenvollkornmehl
1 Eßl. Honig
1 Prise Vollmeersalz
15 dag (150 g) Butter
Weizenvollkornmehl zum Ausrollen
Butter für die Form
Füllung:
4 große Äpfel
1 Tl. Zimt
1 Eßl. Honig
Zitronensaft
Gitter:
1 Ei
20 dag (200 g) Marzipan
(siehe Grundrezept)

Weizenvollkornmehl, Honig, Vollmeersalz und Butter zu einem geschmeidigen Teig kneten, zugedeckt 30 Minuten kühl stellen. Auf Weizenvollkornmehl ausrollen. Springform einfetten und mit dem Teig auslegen. Einen Rand arbeiten.
Äpfel schälen, vierteln, entkernen, in dünne Scheiben schneiden und den Teigboden damit bedecken. Zimt und Honig mischen, Apfelstücke damit bestreuen.
Ei trennen. Marzipan mit dem Eigelb mischen, Eiweiß steifschlagen und unterheben. Mit dem Spritzbeutel (glatte Tülle) ein Gitter auf die Äpfel spritzen.
Im vorgeheizten Backofen auf der mittleren Schiene 75 Minuten backen bei 175 Grad Hitze.

Tirol

Das Bundesland Tirol leitet seinen Namen vom Stammschloß der Grafen von Tirol bei Meran her. Es wird im Osten eingeschlossen von den Bundesländern Kärnten und Salzburg und im Westen von Vorarlberg.
Tirol liegt im Herzen Österreichs, mit seiner Landeshauptstadt Innsbruck im Herzen der Alpen schlechthin.
Es ist ein an Traditionen reiches Bundesland.
Die Tiroler Küche, ihre Rezepte der Suppen und Knödel, Nudeln und Schmarrn und der Krapfen ist ein über Generationen weitergegebener Hausschatz.

Tiroler Krapfen

Text zum Bild

25 dag (250 g) Weizenvollkornmehl
1/2 Tasse Milch
2 Eier
3 dag (30 g) Butter
Prise Vollmeersalz
etwas Backpulver
25 dag (250 g) Äpfel
5 dag (50 g) Mandeln
1 Tl. Mohn
1 Eßl. Schlagrahm (süße Sahne)
7 dag (70 g) Honig
etwas Vollkornsemmelbröseln
Butter zum Ausstreichen der Form

Aus dem Weizenvollkornmehl, der Milch, den Eiern, etwas Vollmeersalz und etwas Backpulver muß man einen geschmeidigen Teig zusammenwirken wie einen Nudelteig. Er wird messerrückendick ausgerollt und in große Vierecke geschnitten, die man leicht mit Milch bestreicht. Die Äpfel werden geschält und roh gerieben. An die Apfelmasse gibt man die gewiegten Mandeln, den zerriebenen Mohn, den Schlagrahm, den Honig und etwas Semmelbrösel, so daß eine geschmeidige Masse entsteht. Auf jedes Teigviereck setzt man in der Mitte ein Häufchen der Apfelmasse, schlägt die Teigzipfel darüber und drückt sie fest zusammen. Sie werden nebeneinander in eine mit Butter ausgestrichene Form gesetzt und bei mäßiger Hitze gebacken. Die Tiroler Krapfen werden beim Auftragen mit Mohn bestreut.

Kümmel

Text zum Bild

Karfiolauflauf

1 Karfiol (Blumenkohl)
2 Eßl. zerlassene Butter
3 Eßl. Weizenvollkornmehl
1/2 l Milch
Vollmeersalz, Pfeffer
Muskat
3–4 Eßl. geriebener Käse (Pinzgauer)
3 Eier
25 dag (250 g) geröstete Vollkornschnitten

Karfiol waschen, in einzelne Röschen zerteilen und in Salzwasser halb garkochen. In der Zwischenzeit in zerlassener Butter das Weizenvollkornmehl anrösten, mit Milch löschen, glatt rühren, ein paar Minuten leise kochen lassen. Mit Vollmeersalz, Pfeffer, Muskat und geriebenem Käse würzen. Vom Feuer nehmen, etwas abkühlen lassen und mit 3 Eigelb legieren. Dann die geschlagenen Eiweiß darunterziehen. Nun den Karfiol in eine gefettete, feuerfeste Form füllen und mit 25 dag (250 g) gerösteten Vollkornschnitten bestreuen. Zuletzt mit der Masse begießen und im Ofen bei mittlerer Hitze etwa 30 Minuten backen lassen.

Text zum Bild

Kümmelsuppe

1 1/2 l Gemüsebrühe
9 dag (90 g) Weizenvollkornmehl
1 mittelgroße Zwiebel
2 Eier
2 dag (20 g) Butter
2 Eßl. Kümmel
Muskat,
Vollmeersalz
Pfeffer
1 Schuß Obstessig
frische Petersilie zum Bestreuen

Gemüsebrühe aufkochen, das Vollkornmehl unter ständigem Rühren beigeben und leicht köcheln lassen.
Die feingehackte Zwiebel in Butter goldfarben andünsten, den Kümmel dazugeben, dann zur Suppe geben, nochmals wenig wallen lassen und die verquirlten Eier einsprudeln. Mit den übrigen Gewürzen abschmecken und mit reichlich frischer Petersilie bestreuen.

Buttermilchsuppe

1 l Buttermilch
5 dag (50 g) Weizenvollkornmehl
5 dag (50 g) Korinthen
und Rosinen
7 dag (70 g) Honig
Prise Vollmeersalz
Zitronenschale
Vanillestange

Das Weizenvollkornmehl wird mit der Buttermilch glattgerührt. Man schlägt die Buttermilch bis zum Aufkochen mit dem Schneebesen, gibt dann die abgebrühten Korinthen, Rosinen, Zitronenschale und die Vanillestange hinein, süßt die Suppe mit dem Honig und schmeckt sie mit Vollmeersalz ab.

Bergsteigersuppe "Standschützenhütte"

20 dag (200 g) Zwiebel
10 dag (100 g) Karotten, feinwürfelig
10 dag (100 g) Petersilienwurzel, feinwürfelig
10 dag (100 g) Sellerie, feinwürfelig
10 dag (100 g) weiße Bohnen
10 dag (100 g) Linsen
40 dag (400 g) Kartoffeln
Vollmeersalz, Pfeffer
Wacholderbeeren
Knoblauch, Kümmel
Ingwerwurzel (feingeschn. – aber nur wenig)

Zwiebel anschwitzen und mit Gemüsebrühe angießen, die Zutaten dazugeben und garkochen. Dann abschmecken.

Kartoffelsuppe ohne Einbrenn

1 – 2 kg Kartoffeln
Wurzelwerk (Karotten, Sellerie, Kohlrabi)
Vollmeersalz
etwas Butter
Majoran
Gemüsebrühe

Wurzelwerk wird geputzt und kleingeschnitten. In etwas Wasser angedünstet, mit Gemüsesuppe aufgegossen und gesalzen. Dann gibt man kleinwürfelig geschnittene, rohe Kartoffeln hinein sowie einen Stich Butter und kocht sie weich.

Kartoffelauflauf mit Moosbeeren

5 Eßl. Butter
7,5 dag (75 g) 1 kalte, gepreßte Kartoffel mit Schale
7,5 dag (75 g) Weizenvollkornmehl
1 kräftige Prise Vollmeersalz
25 dag (250 g) frische Moosbeeren (oder tiefgekühlte aufgetaute)
1 Eßl. Honig
Weizenvollkornmehl zum Ausrollen
1 Ei zum Bestreichen

Butter, Kartoffel, Weizenvollkornmehl und Vollmeersalz zu einem Teig kneten, 15 Minuten im Kühlschrank zugedeckt stehen lassen.
Moosbeeren waschen, abtropfen lassen, in die Auflaufform füllen, mit dem verflüssigten Honig übergießen. Tiefgekühlte, gesüßte Beeren nicht zusätzlich nachsüßen. Teig auf Weizenvollkornmehl zu einer Platte ausrollen. Auf die Moosbeeren in die Form legen, an den Formkanten andrücken, mit verquirltem Ei bestreichen. Im vorgeheizten Ofen auf der mittleren Schiene bei 200 Grad 20 Minuten backen.
Dazu paßt: Vanillesoße oder Vanilleeis.

Schwammerlreisauflauf

2 Tassen Naturreis (Langkorn)
4 Tassen Wasser
etwas Vollmeersalz
30 dag (300 g) frische Waldeierschwammerl
1 Eßl. Butter
Kräutersalz
Pfeffer
Muskat
2 Eier
4 Eßl. Obers (süße Sahne)
15 dag (150 g) Reibkäse
2 Eßl. Kräuter
(Kerbel und Petersilie)

In leicht gesalzenem, kochendem Wasser den Reis beigeben, ca. 50 Minuten köcheln lassen. Die Pilze werden zwischendurch gereinigt, gewaschen und feinblättrig geschnitten, würzen mit Kräutersalz, Pfeffer, Muskat und den Kräutern. Eidotter, Reibekäse und Obers mit den Schwammerln und dem Reis vermengen. Nun den steifgeschlagenen Eischnee unterheben. Im vorgeheizten Ofen wird der Reisauflauf bei 180/200 Grad eine 1/2 Stunde gebacken.

Tiroler Nudelauflauf

20 dag (200 g) Vollkornnudeln
5 Paradeiser (Tomaten)
6 dag (60 g) Tartex Paprikapastete
20 dag (200 g) geriebener Emmentaler
1/4 l Milch
4 Eier
Vollmeersalz, Muskat
Pfeffer, frische Petersilie

Vollkornnudeln in Salzwasser garen, abschütten und mit kaltem Wasser abschrecken. Währenddessen die Paradeiser in Scheiben schneiden. In eine gefettete Auflaufform eine Schicht Vollkornnudeln geben, dann mit Paradeiserscheiben auslegen, mit Reibkäse bestreuen und Tartexflocken verteilen, diesen Vorgang nochmals wiederholen, die oberste Schicht sollten Vollkornnudeln sein. Die Eier mit Milch verquirlen, gewürzt mit Vollmeersalz, Muskat und Pfeffer, über die Nudeln verteilen und im Backrohr 15 Minuten stocken lassen, dann den restlichen Reibkäse darauf verteilen und weiterbacken. Mit frischgehackter Petersilie bestreuen und mit Salaten servieren.

Tirol

Hirseauflauf

15 dag (150 g) Hirse
1/4 l Gemüsebrühe
15 dag (150 g) Zeller (Sellerie)
2 Eßl. feingeschnittener Schnittlauch
2 Eier
6 dag (60 g) Butter
evtl. Kräutersalz
Muskat

Die gewaschene Hirse in der Gemüsebrühe 20 Minuten köcheln, dann erkalten lassen.
Zwischendurch rührt man die weiche Butter, die Eidotter zu einer schaumigen Masse, würzt mit Kräutersalz und Muskat, gibt sie dem Hirsebrei bei, ebenso den in Würfel geschnittenen Zeller und den Schnittlauch, gut vermengen. Zuletzt den steifgeschlagenen Eischnee unterheben. Die Masse in eine gefettete Auflaufform geben und bei Mittelhitze etwa eine 3/4 Stunde backen.

Krautauflauf

1 Krautkopf
30 dag (300 g) Weizenvollkornschrot
1/2 l Wasser
1 Ei
1 Zwiebel, gehackt
Vollmeersalz, Pfeffer
Paprika, Senf
Tabasco
Worchestersoße
Butterflöckchen

Von dem Krautkopf den Strunk abschneiden, dann die Krautblätter lösen, säubern und 10 Minuten in heißes Wasser legen. Unterdessen den Weizenvollkornschrot 20 Minuten mit einem halben Liter Wasser leise kochen und nach dem Abkühlen mit Ei und gehackter Zwiebel vermischen. Mit Vollmeersalz, Pfeffer, Paprika, Senf, Tabasco und Worchestersoße kräftig würzen. Nun eine feuerfeste Form mit den Krautblättern belegen, darüber das Weizenvollkornschrotgemisch schichten und darüber die restlichen Krautblätter legen. Das Ganze mit Butterflöckchen besetzen, im Rohr bei mittlerer Hitze 30 Minuten backen lassen.

Topfenauflauf

40 dag (400 g) Streichtopfen (Magerquark)
10 dag (100 g) Honig
15 dag (150 g) Butter
4 Vollkornsemmeln
4 Eier
Zimt

Butter, Eidotter und Honig abtreiben, die eingeweichten, ausgedrückten und passierten Vollkornsemmeln dazugeben, ebenso den Streichtopfen und die anderen Zutaten. Zum Schluß den steifen Schnee untermischen.
Diese Masse in eine gebutterte feuerfeste Schüssel füllen und im Rohr bei 200 Grad ca. 40 Minuten backen. Mit Kokosflocken überbröseln und heiß mit evtl. Himbeersaft servieren.

Birnen–Bohnen–Strudel

Grundrezept des Strudelteiges
Für die Füllung:
1/2 kg weiße Bohnen
1 kg Birnen
Honig nach Geschmack
Zimt
Vollmeersalz
schwarzer Pfeffer
25 dag (250 g) Vollkornsemmelbrösel
2 Eßl. Butter

Die Bohnen über Nacht einweichen, tags darauf in leichtem Salzwasser kochen, dann abgießen, leicht pfeffern. Die Birnen ausstechen, vierteln und feinblättrig schneiden.
Birnen und Bohnen mischen, nach Belieben mit Honig und Zimt abschmecken. Semmelbrösel in Butter leicht anbräunen, die Hälfte hiervon zur Füllung zugeben, den Rest auf den Strudelteig verteilen. Die Füllmasse darauf verteilen, einrollen, auf ein gefettetes Backblech legen. Im vorgeheizten Ofen bei 180/200 Grad ca. 30–40 Minuten backen.

Gemüsestrudel

Grundrezept des Strudelteiges
(250 g Mehl)
Füllung:
10 dag (100 g) Erbsen
15 dag (150 g) Karotten
15 dag (150 g) Sellerie
15 dag (150 g) Pilze
4 Eßl. gekeimter Weizen
2 Eßl. Weizenvollkornmehl
Brecht's Kräutersalz
Muskat
1/2 Tl. Vitam R
2 dag (20 g) Butter
1 Tl. kaltgepreßtes Öl

Die Gemüsearten werden gewaschen, geputzt und in feine Würfel geschnitten, in Butter angedünstet und gargedämpft. Nun leicht mit Vollkornmehl bestäubt und abgeschmeckt. Auskühlen lassen. Strudelteig dünn auswellen, mit Öl bestreichen, die Füllung darauf geben, zusammenrollen und im vorgeheizten Ofen bei 200 Grad etwa 20 Minuten backen.

Gerstenlaiberl

25 dag (250 g) Gerste
1/2 l Gemüsebrühe
Kräutersalz
Curry
1 Tl getrocknetes Basilikum
2–3 Eßl. Topfen (Magerquark)
4 Scheiben Emmentaler
Fett zum Ausbacken

Die Gerste grob schroten und in der Gemüsebrühe 10 Minuten kochen und 15 Minuten nachquellen lassen. Zu der abgekühlten Masse gibt man Topfen und die Gewürze, schmeckt ab und formt 4 Laiberl. Diese backt man in heißem Fett beidseitig aus. Die Laiberl auf ein Blech setzen, mit Emmentalerscheiben belegen, im heißen Ofen kurz gratinieren.

Haferlaiberl

2 Tassen Hafer
4 Tassen Wasser
1 Eßl. Butter
1 mittelgroße Zwiebel
3 Eßl. Weizenvollkornmehl
3 Eßl. Topfen (Magerquark)
1/2 Tl. Vollmeersalz
Pfeffer
etwas Paprika
2 Eßl. feingeschnittene Petersilie und Schnittlauch
10 dag (100 g) Reibekäse
Diäsan zum Ausbacken

Den Hafer über Nacht in 4 Tassen Wasser einweichen. Im Einweichwasser aufkochen, dann etwa 3/4–1 Stunde quellen lassen. Die gewürfelte Zwiebel in Butter anschwitzen. Haferkörner durch den Fleischwolf drehen mit Zwiebel, Topfen und Reibekäse vermengen. Abschmecken mit den Gewürzen und den Kräutern. Laiberl formen und in heißem Diäsan ausbacken.

Vollkornkäseknödel

25 dag (250 g) Vollkornknödelbrot
1/4 l Milch
2 Eier
ca. 5–6 Eßl. Weizenvollkornmehl
Vollmeersalz
Muskat
2 Eßl. geschnittene Petersilie und Schnittlauch
1 Tl. Majoran
1 mittelgr. Zwiebel (feingeschnitten)
1 Eßl. Butter
20 dag (200 g) geriebener Edamer

Knödelbrot in eine Schüssel geben, mit warmer Milch übergießen, dann die Eier, Vollmeersalz, Muskat, die geschn. Kräuter, Majoran. Zwiebelwürfel in Butter andünsten, dazugeben, ebenso den Käse und das Vollkornmehl. Alles gut vermengen, mit feuchten Händen Knödel formen. In kochendem Salzwasser garen. Dazu paßt: zerlassene Butter mit frischen Kräutern und Frischkostsalat.

Weizenvollkornbrot (für Knödel)

1 kg Weizenvollkornmehl
4 dag (40 g) Germ (Hefe)
Milch oder Wasser
allenfalls 1 Ei

Man bereitet einen festen Germteig und läßt ihn aufgehen. Daraus formt man 2–3 Wecken, die man auf ein gefettetes Blech legt, nochmals aufgehen läßt und dann 3/4 Stunde bei mäßiger Hitze bäckt. Ist das Weizenvollkornbrot halb gebacken, so bestreicht man es mit heißem Wasser, wodurch es einen schönen Glanz bekommt.

Pikanter Würztopf

40 dag (400 g) Streichtopfen (Magerquark)
1/8 l Rahm (süße Sahne)
Kren (Meerrettich)
Kümmel
Koriander
Zwiebel
Knoblauch
Vollmeersalz
Paprika
Muskat

Streichtopfen und Zutaten sehr gut schaumig abtreiben, mit Gurken und Radieschen garnieren.

Kaltschale von Buttermilch

4 Eßl. Roggenvollkornbrot
2 Eßl. Honig
Milch
Buttermilch
Vollwertzwieback

Das Roggenvollkornbrot wird gerieben und in einer Pfanne leicht geröstet. Dazu gibt man den Honig. Die Buttermilch wird mit der süßen Milch (zusammen ungefähr 2 Liter) vermischt, Vollwertzwieback hineingebröckelt und zuletzt vor dem Anrichten das abgekühlte Roggenvollkornbrot darübergestreut.

Kräutermilch

1. *1/4 l Buttermilch*
   1 Eßl. feingewiegte Kräuter
   Kräuter: Kresse, Zitronenmelisse, Borretsch oder Kerbel nach Geschmack

2. *1/4 l Milch*
   Kräuter
   Vollmeersalz
   Pfeffer
   Muskat

Die Hälfte der Milch mit den grobgeschnittenen Kräutern in einen Mixer geben und kräftig mixen. Restliche Milch hinzufügen, mit Vollmeersalz, Pfeffer und Muskat abschmecken.

Topfenpalatschinken

Teig:
10 dag (100 g) Weizenvollkornmehl
1 Ei
ca. 1/4 l Milch
etwas Vollmeersalz
etwas Honig
Fülle:
5 dag (50 g) Butter
5 dag (50 g) Honig
3 Eier
1/4 kg Streichtopfen (Magerquark)
3 Eßl. Rahm (süße Sahne)
1 MS Vanillegewürz
5 dag (50 g) Zibeben (Rosinen)
Zitronenschale
Überguß:
1 Ei
1/8 l Milch
1 Eßl. Rahm (süße Sahne)
2 Kaffeelöffel Honig

Teigzutaten versprudeln und dünne Palatschinken backen. Butter, Honig und Eidotter schaumig rühren, Streichtopfen und Rahm hinzugeben, den Schnee von 3 Eiklar, das Abgeriebene einer Zitronenschale und 1 MS Vanille vorsichtig unter die Topfenmasse rühren, die Palatschinken bestreichen, mit Rosinen bestreuen, zusammenrollen, halbieren und stufenförmig in eine gefettete Pfanne ordnen.
Der Überguß: alle Zutaten glatt versprudeln, über die Palatschinken gießen und backen. Der Überguß muß gestockt und von goldbrauner Farbe sein. Die Backzeit dauert ca. 25 Minuten bei Mittelhitze.

Topfencreme “Hochsölden”

25 dag (250 g) frische Preiselbeeren
1/8 l Rotwein
3 Eßl. Honig
2 MS Zimt
25 dag (250 g) Topfen (Magerquark)
2 Eßl. Honig
Vanillegewürz
Saft einer Zitrone
1/8 l Rahm (süße Sahne)
gehackte Haselnüsse
zum Bestreuen
1/2 Tasse Milch

Frische Preiselbeeren waschen und im Mixgerät mit 1/8 l milden Rotwein, 3 Eßl. Honig, 2 MS Zimt pürieren. Topfen mit 1/2 Tasse Milch, 2 Eßl. Honig, Saft einer Zitrone, 2 MS Vanillgewürz glattrühren. Rahm steif schlagen, die Hälfte der Topfenmasse unterheben. Topfenmasse in eine Glasschüssel füllen mit Preiselbeersoße übergießen. Mit Sahnetupfern garnieren und grob gehackten Nüssen bestreuen.

Husarenkrapferl I. Art

30 dag (300 g) Weizenvollkornmehl
10 dag (100 g) Butter
5 dag (50 g) Honig
1 Ei
1 Eiklar zum Bestreichen
Fett für das Blech
Haselnüsse zum Bestreuen
5 dag (50 g) Marmelade

Aus den genannten Zutaten bereitet man einen mürben Teig, von dem man kleine Kugeln formt, in die man in die Mitte eine Vertiefung eindrückt. Man bestreicht den Rand mit Eiklar, streut geschnittene Haselnüsse darauf und bäckt die Krapferl bei mässiger Hitze. In das Grübchen gibt man etwas Marmelade.

Husarenkrapferl II. Art

20 dag (200 g) Weizenvollkornmehl
14 dag (140 g) Butter
10 dag (100 g) Honig
2 Eidotter
6 dag (60 g) Haselnüsse,
etwas Marmelade zum Füllen

Zubereitung wie Husarenkrapferl I. Art.

Tiroler Topfenzipfel

25 dag (250 g) Weizenvollkornmehl
saure Milch oder Topfen
1 – 2 Eier
Vollmeersalz
1 Kaffeelöffel Honig
Fülle:
25 dag (250 g) Topfen (Magerquark)
2 Löffelstich Butter
2 Eier
3 Eßl. Honig
1 MS Vanillegewürz
Vollmeersalz
Zitronenschale
evtl. etwas Rum

Ungefähr 25 dag Weizenvollkornmehl, etwas saure Milch oder Topfen, 1–2 Eier, ein wenig Vollmeersalz und 1 Kaffeelöffel Honig wirkt man zu einem halbfesten Nudelteig und knetet ihn sehr gut durch. Dann walkt man ihn dünn aus und radelt 4 Ecken daraus.
Für die Fülle rührt man 2 Löffelstich Butter mit 2 Eiern und 3 Eßl. Honig, 1 MS Vanillegewürz und etwas Vollmeersalz gut schaumig und fügt geriebene Zitronenschale sowie 25 dag (250 g) durch ein Leinentuch gedrückten Topfen hinzu. Nach Belieben kann man auch noch ein wenig Rum daruntergeben.
Je 1 Eßl. davon gibt man auf die Teigflecke, schlägt sie über Eck zusammen und drückt die Ränder fest. Dann backt man die Zipfel in Butter schwimmend goldbraun und serviert sie mit Kokosnußraspeln überstreut.

Tiroler Schnitten

30 dag (300 g) Weizenvollkornmehl
9 dag (90 g) Butter
1 Ei
1/2 Backpulver
etwas Vollmeersalz
2 dag (20 g) Honig
etwas Milch oder Rahm
12 dag (120 g) Marmelade
60 dag (600 g) Äpfel
3 Klar Schnee
ca 6 dag (60 g) Honig

Aus den Zutaten bereitet man einen Mürbeteig, rollt ihn 1/2 – 1 cm dick aus und bäckt ihn auf gefettetem Blech. Man bestreicht ihn mit Marmelade, gibt die gedünsteten, passierten Äpfel und den mit Honig gesüßten Schnee darauf und stellt die Masse so lange in das Rohr, bis der Schnee gelb ist.

Topfentorte

Biskuitteig:
2 große Eier
3–4 Eßl. heißes Wasser
10 dag (100 g) Honig
etwas Vanillegewürz
12,5 dag (125 g) Weizenvollkornmehl
1 gehäufter Kaffeelöffel Backpulver
1 Prise Vollmeersalz
Füllung:
3 Eidotter
10 dag (100 g) Honig
Saft und Schale einer halben ungespritzten Zitrone
25 dag (250 g) Topfen (Magerquark)
6 Blatt AgarAgar
1/8 – 1/4 Schlagobers (süße Sahne)

Für den Biskuitteig rührt man 2 große Eidotter mit 3–4 Eßl. Wasser und Honig sowie etwas Vanille gut schaumig. Dazu gibt man das Weizenvollkornmehl, Backpulver, Vollmeersalz und zuletzt den sehr steifen Schnee. Die Masse wird in einer mittelgroßen gut gefetteten Tortenspringform etwa 20–30 Minuten bei 180 Grad ausgebacken.
Man schneidet den Kuchen quer durch und gibt den Unterteil in die Springform zurück. Hierauf rührt man 3 Eidotter mit Honig und dem Saft und der Schale einer halben Zitrone gut schaumig und fügt den durch ein Sieb gestrichenen oder glatt gemixten Topfen, Agar-Agar, den steifen Schnee der Eier und zuletzt 1/8 bis 1/4 l steifgeschlagenen Schlagobers hinzu. Diese zarte Masse streicht man auf den Biskuitboden und läßt sie in der Form erstarren. Nun erst legt man den oberen Teil des Biskuitbodens darauf, streicht etwas Honig darüber, nimmt den Kuchen jetzt aus der Form und serviert ihn sofort. Er soll also nicht schon sehr lange vor Gebrauch aus der Form genommen werden. Sehr gut ist auch, wenn man unter die Topfenmasse etwas frische Himbeeren, Heidelbeeren oder Erdbeeren (geschnitten) darunterhebt. Ist sehr erfrischend.

Feigenkuchen

Mürbeteig wie Grundrezept
(damit eine Springform auslegen)
15 dag (150 g) Honig
12 dag (120 g) Butter
8 Eidotter
1 abgeriebene Zitrone
1 Tl. Zimt, gemahlen
je 1 MS Muskat, Nelkenpulver
und Vollmeersalz
10 dag (100 g) Haselnüsse, gemahlen
10 dag (100 g) grob gehackte Walnüsse
4 Eiweiße
10 dag (100 g) gehackte Feigen
10 dag (100 g) gehackte Datteln
5 dag (50 g) Weizenvollkornmehl

Die weiche Butter mit Honig gut schaumig rühren, nacheinander die Eidotter, die Gewürze: Muskat, Zimt, Vollmeersalz, Zitronenschale sowie die Haselnüsse beigeben. Dann den steifgeschagenen Eischnee unter die Eidottermasse heben.
Feigen, Datteln und Walnüsse mit Vollkornmehl vermengen und zuletzt beimengen. In die mit Mürbteigboden ausgelegte Springform geben. Im gut vorgeheizten Ofen bei 180 Grad etwa 60–70 Minuten backen.

Tiroler Festkuchen

Für den Teig:
50 dag (500 g) Vollkornweizenmehl
4 dag (40 g) Germ (Hefe)
3 Eßl. Honig
1/8 l Milch, lauwarm
3 Eier
Schale einer abgeriebenen Zitrone
1 Prise Vollmeersalz
8 dag (80 g) Butter

Für die Füllung:
3 Eidotter
3 Eiweiße
1 Teel. Zimt, gemahlen
1 Prise Piment, gemahlen
50 dag (500 g) Walnußkerne
12 dag (120 g) Honig
1/4 l saure Sahne
2 MS Vanillgewürz
Außerdem:
7 dag (70 g) Butter zum Ausfetten der Form und zum Bestreichen.

Hefeteig nach dem Grundrezept zubereiten, dann den Teig auf einem bemehlten Geschirrtuch zu einem 70 X 50 cm großen Rechteck ausrollen. Eidotter mit Zimt u. Piment vermischen und damit die Teigfläche bestreichen.
Für die Füllung vermengt man flüssigen Honig mit saurer Sahne, den gehackten Walnüssen und Vanillgewürz. Zuletzt das steifgeschlagene Eiweiß darunter heben. Die Füllung auf der Teigplatte verteilen, dabei jedoch einen 2 cm breiten Rand lassen. Den Teig der Länge nach halbieren und jedes Teigstück, längs zum Rand hin aufrollen. Eine Frankfurter–Kranz–Form (28 cm Durchmesser) einfetten und die Rollen übereinander hineinlegen. Nochmals 30 Min. zugedeckt gehen lassen.
Im vorgeheizten Ofen bei 180 – 200 Grad ca. 50 – 60 Min. backen.
Nach 15 Minuten Backzeit den Kuchen mit zerlassener Butter bestreichen, wiederholen bis die Butter verbraucht ist.

Salzburg

Stadt und Land tragen den gleichen Namen. Die Stadt ist auf der ganzen Welt ein Begriff; in seinen fünf Gauen aber – Flachgau, Tennengau, Pongau, Lungau und Pinzgau, sie sind den meisten vom Namen her nicht bekannt – findet sich zum einzigen Mal im gesamten Bundesgebiet alles zusammen, was Österreich ausmacht. Lange, schneereiche Winter, sanft, langanhaltende Sommerregen. Wald, Seen und Flüsse, sanfte Hügel und eisbedeckte Dreitausender, endlose Felsgebiete, aber auch Acker und Weiden – all das ist Österreich und all das drängt sich im Land Salzburg zusammen. Früher waren die Bauern arm; die Kost bestand aus Brot, Mehl, Milch, Käse und Butter sowie gesammelten Beeren. Vieles davon ist heute eine Besonderheit und hat längst Einzug gehalten in unserer Küche.

Pinzgauer Käsesuppe

Text zum Bild

60 dag (600 g) Weizenvollkornmehl
5 dag (50 g) Butter
etwas feingehackte Zwiebel
etwas Petersilienwurzel und Kerbel
1 Eßl. Gemüsebrühe (Cenovis)
etwas Muskat
Vollmeersalz
Pfeffer
6–8 dag (60 – 80 g) Pinzgauer Käse
2 Eidotter
2 Eßl. Rahm (süße Sahne)

Vom Vollkornmehl, der Butter, der Petersilienwurzel, der Zwiebel, dem Kerbel und der Gemüsebrühe bereiten wir eine leichte Einmachsuppe. Darin den geriebenen Käse gut versprudeln und aufkochen. Mit den Eidottern und dem Rahm legieren wir die Suppe und schmecken mit Vollmeersalz und Pfeffer ab. Vor dem Servieren kann man noch geröstete Zwiebeln hinzugeben.

Pinzgauer Blattln aus Kornmehl

Text zum Bild

1 1/4 kg Roggenvollkornmehl
1/4 kg Weizenvollkornmehl
4 dag (40 g) Fett
Vollmeersalz
schwach 1 l Wasser
1 gekochte Kartoffel, durchgepreßt

Aus den Zutaten macht man mit siedendem Salzwasser einen mittelweichen Teig an, den man sehr lange knetet. Man formt eine Rolle, schneidet Radeln davon ab, rollt diese sehr dünn oval aus und bäckt sie in sehr heißem Fett beidseits rasch.

Text zum Bild

Salzburger Nockerl

6 Eiweiß
3 Eidotter
1 Eßl. Honig
kl. Prise Vollmeersalz
Vanille
Zitronenschale
2 Eßl. Weizenvollkornmehl
(feinste Mahlung)
ca. 20 g Butter

Butter in Steingutschale am Ofen erhitzen. Eiweiß mit Honig steifschlagen, Eidotter, Aromen und Mehl vorsichtig darunterheben, in die mit Butter erwärmte Steingutschale schöne Nockerl einlegen, im vorgewärmten Rohr ca. 10 Minuten bei 200 Grad backen. Bebilderte Arbeitsanleitung auf Seite 25.

Aus Eiweißmasse:

Schneenockerl

Klar von 4 Eiern
10 dag (100 g) Honig
1/2 l Milch
Vanillecreme
Walderdbeeren

In den steifen Schnee von Eiklar wird Honig eingerührt. Aus dem Gemenge werden mit einem Eßlöffel große Nockerl geformt, die man in kochende Milch einlegt, nach einmaligem Aufwallen herausnimmt und in eine Schüssel legt. Die gekochten Nockerl werden mit Vanillecreme übergossen, kaltgestellt und mit frischen Walderdbeeren oder Himbeeren bestreut.

Aus Grießmasse:

Grießschmarrn

1/2 l Milch
Vollmeersalz
25 dag (250 g) Grieß (grober)
10 dag (100 g) Butter
3 dag (30 g) Honig
Kokosflocken zum Bestreuen

In kochende Milch gibt man Vollmeersalz, rührt den Grieß hinein und läßt ihn sehr dick einkochen, dann auskühlen lassen. Man läßt in einer Pfanne Butter heißwerden, gibt die Grießmasse hinein und läßt sie zugedeckt ca. 10 Minuten lang ausdünsten, wobei man den Schmarrn öfters mit einer Gabel zersticht. Der fertige Grießschmarrn soll lichtbraune Kruste bilden, aber doch kernig und weich sein. Der fertige Grießschmarrn wird mit Kokosflocken bestreut und mit Fruchtsaft oder Zwetschkenröster angerichtet. Vor dem Anrichten den Honig über den Grießschmarrn gießen.

Kartoffelsalat mit Mayonnaise

8 Pellkartoffeln
1 feingehackte Zwiebel
10 dag (100 g) Mayonnaise
(siehe Grundrezept)
8 Eßl. saurer Rahm
Vollmeersalz
weißer Pfeffer
gemahlener Ingwer
1 Eßl. Kapern
1 Eßl. feingeschn. Dill
evtl. Tomaten und gekochte Eier

Kartoffeln abziehen, würfeln, mit der gehackten Zwiebeln mischen. Mayonnaise und sauren Rahm verrühren, würzen, unter den Salat heben. 30 Minuten durchziehen lassen. Kapern und Dill unterheben und mit den Gewürzen abschmecken, anrichten. Nach Wunsch mit Tomatenachteln und Eischeiben oder –achteln garnieren.

Kartoffelsalat mit Kren

8 Pellkartoffeln
3 Eßl. Lauch in feinen Ringen
3 Eßl. frisch geriebener Kren (Meerrettich)
1 Tl. Senf
1 Eßl. Tomatenketchup
1 1/2 Eßl. Obstessig
3 Eßl. kaltgeschlagenes Sonnenblumenöl
1 Eßl. Wasser
Vollmeersalz
schwarzer Pfeffer
3 Eßl. gehackte Petersilie
1 Sträußchen Petersilie

Kartoffeln abziehen, in Scheiben schneiden, mit Lauch und Kren mischen. Senf, Ketchup, Obstessig, Sonnenblumenöl und Wasser mischen, würzen, Marinade unter den Salat heben, 30 Minuten ziehen lassen. Salat mit gehackter Petersilie mischen, anrichten und mit der Petersilie garnieren.

Schnittlauchsauce

3 Eier
3 Eßl. Obstessig
3 Eßl. Wasser
1 Prise Vollmeersalz
3 Eßl. kaltgeschlagenes Sonnenblumenöl
2 Büschel Schnittlauch
evtl. etwas geschl. Sahne

3 ganze Eier, 3 Eßl. Obstessig, 3 Eßl. Wasser werden mit einer Prise Vollmeersalz im Wasserbad geschlagen oder gequirlt und dann vom Herd genommen. Nun werden 3 Eßl. kaltgeschlagenes Sonnenblumenöl tropfenweise eingerührt und zum Schluß zwei Büschel feingehackter Schnittlauch eingemischt. Eventuell etwas geschlagene Sahne.

Pinzgauer Rettichsalat

10 dag (100 g) fester Pinzgauer Käse
10 dag (100 g) Rettich
3–4 Radieschen
1 große rote Zwiebel
1/2 Tl. Kümmel
4 Eßl. Traubenkernöl
1 Eßl. Rotweinessig
1 Tl. Senf
weißer Pfeffer
Vollmeersalz
Schnittlauch

Den Pinzgauer Käse und den Rettich in hauchdünne Scheiben aufschneiden. Die rote Zwiebel in große Ringe schneiden. Eine leichte angerührte Marinade aus Öl, Essig, Senf, Pfeffer und Vollmeersalz darüber träufeln, 30 Minuten ziehen lassen. Zum Servieren gehackten Schnittlauch und den Kümmel darüberstreuen und die Radieschen dekorativ dazulegen.

Endivien–Obst–Salat

1 Kopf Winterendivie
1/2 Apfelsine
1/2 Grapefruit
1 Boskop
3 Walnüsse
Saft aus einer Zitrone
1 Eßl. Walnußöl
2 Eßl. Obstessig
weißer Pfeffer und Vollmeersalz

Endivienkopf zuerst säubern, waschen und gut abtrocknen. Zwei schöne Blätter zur Seite legen. Den übrigen Kopf in schmale Streifen schneiden. Apfelsine und Grapefruit in Schnitze aufteilen, enthäuten und entkernen. Den Boskop ungeschält, nach dem Entfernen des Gehäuses in Würfel schneiden und in Zitronensaft schwenken. Endivienstreifen mit dem Obst mischen, mit einer milden Marinade abschmecken und auf Endivienblätter servieren.

Kasfarfei

1 l Wasser
4 Eßl. Weizenvollkornmehl
Vollmeersalz
20 dag (200 g) Käse
Pfeffer
2 Eßl. Butter
Schnittlauch

Weizenvollkornmehl mit dem Wasser anspritzen und abbröseln. Die Mehlmischung in kochendes Wasser einrühren. Darin den geriebenen oder feinwürfelig geschnittenen Käse einrühren und nach Geschmack pfeffern. Gebräunte Butter darübergeben und mit reichlich Schnittlauch zu Tisch bringen.

Brennsuppe "Flachgauer Art"

1/2 kg Kartoffeln
1 Eßl. Butter
3 Eßl. Weizenvollkornmehl
1 Zwiebel
1 l Wasser
1 Spritzer Obstessig
Vollmeersalz
Pfeffer
Schwarzbrotbrocken
Maggikraut

Geschälte Kartoffeln werden in ein wenig Salzwasser gekocht und zerstampft. Eine trockene Einbrenn aus Butter, Zwiebeln und Weizenvollkornmehl bröselt man über die Erdäpfel. Nun mit kochendem Wasser aufgießen, mit Maggikraut, 1 Spritzer Obstessig, Vollmeersalz und Pfeffer würzen und aufkochen lassen. Die Suppe soll breiig sein.
Zum Schluß Schwarzbrotbrocken in die Schüssel geben und mit der Suppe übergießen.

Sauerampfersuppe

Man bereitet aus 10 dag (100 g) Butter und 3 dag (30 g) Weizenvollkornmehl eine lichte Einmach und läßt ganz wenig Petersilie, Zwiebel und 25 dag (250 g) feingehackten Sauerampfer anrösten. Dann wird die Suppe mit Wasser aufgegossen, 1/8 l Rahm versprudelt und die Suppe, die man nach Geschmack gesalzen hat, eine weitere 1/2 Stunde lang gekocht. Als Einlage gibt man geröstete Weizenvollkornsemmelwürfel.

Breznsuppe

20 dag (200 g) Weizenvollkornsemmelbröckerl
40 dag (400 g) Pinzgauer Käse
1 Knoblauchzehe
1/2 l klare Gemüsesuppe von Cenovis
4 Eßl. Butter
Schnittlauch

Eine Schüssel mit dem würfelig geschnittenen Brot wird über Dampf warm gestellt. Kleinwürfelig geschnittenen Käse daruntermengen und mit etwas gepreßtem Knoblauch würzen. Mit siedender Gemüsesuppe übergießen. Dadurch schmilzt der Käse. Die Flüssigkeit wird von den Brotwürfeln ganz aufgesogen. Reichlich braune Butter und viel Schnittlauch darübergeben.

Schmelzsuppn oder Jagasuppn (Jägersuppe)

Roggenes Vollkornbrot wird in feinblättrigen Schnitz vom Laib geschnitten und in eine Suppenschüssel gegeben. Dann kochendes Wasser darüber schütten, salzen, pfeffern und mit brauner Butter abschmalzen, d.h. braune Butter darüber leeren.

Kornmehlsterz

1 kg Roggenvollkornmehl
1 l Wasser
Vollmeersalz
3 – 8 dag (30 – 80 g) Fett

Das Kornmehl wird unter öfterem Umrühren ohne Fett am Feuer gebräunt. Hierauf gießt man das siedende, gesalzene Wasser, zergabelt den Sterz, gießt das heiße Fett (Butter) darüber und läßt ihn dann zugedeckt am Herdrand 1–2 Stunden fertig dünsten. Man gibt ihn gesüßt mit Honig und Milch. Als Beilage eignet sich Gemüse oder Salat.

Kornmehlknödel

2 1/2 kg Kartoffeln
12 dag (120 g) Roggenvollkornmehl
Vollmeersalz
50 dag (500 g) gemahlenen Mohn

Rohe Kartoffeln werden gerieben, ausgedrückt, gesalzen und mit dem Kornmehl zu einem mittelfesten Teig geknetet. Man formt Knödel, die man mit gemahlenem, in Fett geröstetem Mohn füllt, 1/4 Stunde in Salzwasser kocht und vor dem Auftragen abschmalzt.

Wetzsteine aus Kornmehl

1 1/4 kg Roggenvollkornmehl
1/4 kg Weizenvollkornmehl
5 dag (50 g) Germ (Hefe)
Vollmeersalz
Kümmel
5 dag (50 g) Fett
1 Ei
lauwarmes Wasser
Fett zum Backen

Von den Zutaten einen mittelweichen Germteig, ohne ihn abzuklopfen, machen. Man läßt ihn aufgehen, rührt etwas Vollkornmehl ein und formt fingerdicke Nudeln, die man in Fett bäckt.

Milchfarfei

1 l Milch
4 Eßl. Weizenvollkornmehl
Vollmeersalz
2 Eßl. Butter

Etwas kaltes Wasser in das Vollkornmehl spritzen und abbröseln, bis es bröckelig wird. Diese Mischung in die kochende Milch einrühren und aufwallen lassen, bis die Suppe sämig ist. Kleine Wuzeln sollen noch bleiben. Salzen und mit frischer Butter obenauf servieren.

Krautfleckerln

3/4 kg Weizenvollkornmehl
2–3 Eier
1 1/2 kg Kraut
6–8 dag (60 – 80 g) Butter
Vollmeersalz
etwas Honig
Zwiebel
Obstessig

Fleckerlteig siehe Grundrezept! Diese Fleckerl werden in Salzwasser gekocht, abgeseiht und abgeschreckt. In heißer Butter bräunt man die würfelig geschnittene Zwiebel und den Honig, gibt das nudelig geschnittene Kraut, Vollmeersalz, einen Spritzer Obstessig dazu und dünstet es. In das noch nicht ganz weichgedünstete Kraut kommen die gekochten Fleckerln. Alles zusammen läßt man noch einige Zeit lang dünsten.

Falsches Beuschel

8 – 10 dag (80 – 100 g) Butter
20 – 25 dag (200 – 250 g) Weizenvollkornmehl
Vollmeersalz
Zwiebel
Pfeffer
Obstessig
Lorbeerblatt
Thymian
Fritatten:
25 dag (250 g) Vollkornmehl
2 Eier
1/2 – 3/4 l Milch
Fett zum Backen

Aus Fett, Vollkornmehl und Zwiebel wird eine dunkle Einbrenn hergestellt, mit Wasser oder Suppe aufgegossen, die Gewürze dazugegeben und gut verkocht. Zuletzt werden nudelig geschnittene Frittaten hineingegeben.

Gebackene Schwämme

Dazu eignet sich vor allen Dingen der Kopf des Parasolpilzes, aber auch Herrenpilze.
Die geputzten Schwämme werden in 1 cm dicke Scheiben geschnitten, gesalzen, in Weizenvollkornmehl, Ei, Vollwertsemmelbrösel paniert und in heißer Butter gebacken. Dazu Sauce Tartare.

Gebackener Holler

Hollerblüten werden in Tropfteig getaucht und in Fett goldgelb gebacken.

Roggene Schnittenkrapfen

Roggenvollkornbrot wird ganz dünn geschnitten, in Tropfteig getaucht und in Fett gebacken.

Frisch–Topfenkäse (Speckas) "Lehenbrandbäuerin"

Zutaten nach Bedarf.

Roh–Magermilch stellt man 2–3 Tage an einen sehr warmen Ort (ca. 25–40 Grad) und läßt sie sauer werden. Schön topfig, die Molke solle sich gut von der Milch trennen. Mit einem kleinen Schöpfer kann man den Vorgang beschleunigen. Diese Topfen–Sauermilch wird dann langsam bis ca. 50 Grad erhitzt; der Topfen soll dabei fester werden und nach oben steigen. Dann wird der Topfen abgeschöpft, in ein grobes Tuch gelegt und ca. 10–12 Stunden abtropfen lassen. Dann kommt der Topfen in ein großes Sieb – damit noch Molke abfließen kann –, wird mit Pfeffer, Kümmel, evtl. auch Paprika oder Schnittlauch fein vermischt (je nach Geschmack), alles fest andrücken. Diese Masse läßt man dann noch ca. 2 Tage stehen. Dann ist der Topfenkäse fertig und man kann ihn herausstürzen.

Diesen Topfenkäse kann man je nach Belieben frisch oder reif werden lassen und auch so verzehren. Wenn man ihn sehr reif haben will, muß man ihn in eine Plastik- oder Frischhaltefolie hüllen und noch 5–14 Tage warmstellen. Der reife Käse bekommt eine Hautschicht wie Camembert – man kann ihn also samt der Haut verzehren.

Kümmeltopfen mit Birnen

2 große, saftige Birnen
Zitronensaft
1 grüne Paprikaschote
4 Eßl. Schlagrahm (süße Sahne)
20 dag (200 g) Topfen (Magerquark)
Vollmeersalz
1 Eßl. Sherry fino
Kümmel

Birnen waschen, trocknen und – ungeschält – durchschneiden, Kerngehäuse ausstechen, auch Stiel und Blütenansatz entfernen. Schnittflächen mit Zitronensaft bestreichen, sonst werden sie – durch den Sauerstoff der Luft – braun. Paprikaschote aushöhlen, waschen, 4 dicke Ringe daraus schneiden, Birnen damit belegen. Schlagrahm steif schlagen, Topfen verrühren, leicht salzen, Schlagrahm unterheben. Mit dem Sherry abschmecken. Käsemasse auf die Paprikaringe verteilen, mit dem Kümmel bestreuen, bis zum Servieren kaltstellen. Man kann den Kümmel auch in den Topfen mischen.

Roggenmehlkuchen

5 dag (50 g) Fett
10 – 15 dag (100 – 150 g) Honig
2 Eier
1/8 l Milch
Zimt, Nelken
Neugewürz
20 dag (200 g) Roggenvollkornmehl
1/2 Päckchen Backpulver
5 dag (50 g) geriebene Nüsse

Man erwärmt das Fett, gibt Honig, Milch, Eier und Gewürze dazu und rührt weiter. Hierauf mengt man das mit dem Backpulver vermischte Roggenvollkornmehl darunter. In einer ausgefetteten Form bäckt man die Masse 3/4 Stunden. Zur Verbesserung kann man in den Teig geriebene Nüsse geben.

Kornmehlstrudel

7 dag (70 g) Butter
7 dag (70 g) Honig
2 Eier
4–5 Löffel Milch
30 dag (300 g) Roggenvollkornmehl
Zimt, Nelken
1 Päckchen Backpulver
Marmelade
1 Ei zum Bestreichen
Fett für das Blech

Butter, Eier und Honig werden verrührt, Gewürze, Milch und das mit dem Backpulver vermengte Mehl darunter gemischt. Man knetet den Teig, walkt ihn aus, füllt ihn mit Marmelade, schlägt ihn zusammen, bestreicht ihn mit Ei und bäckt ihn bei mittlerer Hitze ca. 25 Minuten.

Salzburger Bagl

1/2 kg Weizenvollkornmehl
2 Eier
5 dag (50 g) Butter
2 dag (20 g) Germ (Hefe)
3 dag (30 g) Honig
Vollmeersalz
Milch

Aus obigen Zutaten wird ein nicht zu weicher Teig gemacht, den man abschlägt und aufgehen läßt. Ein Stück des Teiges nimmt man weg, den anderen teilt man in 3 Teile und flicht davon einen Zopf, den man kreisförmig in eine ausgefettete Kasserolle legt. Aus dem restlichen Teig formt man eine lange Rolle, welche man platt drückt oder walkt, von beiden Längsseiten bis zur Mitte in Abständen von 2 cm einschneidet und dann in Kranzform auf den Zopf in der Kasserolle legt. Man läßt alles gut aufgehen und bäckt bei mittlerer Hitze.

Germstrauben

50 dag (500 g) Weizenvollkornmehl
2 dag (20 g) Germ (Hefe)
1 Löffel Rum
2 – 3 Eier
4 dag (40 g) Honig
Vollmeersalz
ca. 1/4 l Milch
Fett zum Backen

Aus den nebenstehenden Zutaten macht man einen sehr weichen Germteig, den man gut abrührt. An einem warmen Ort läßt man den Teig 1/2 Stunde lang aufgehen. Der Teig muß flüssig sein; man läßt ihn durch einen Trichter in heißes Fett laufen und zwar so, daß man in der Mitte anfängt und fortlaufend 5 –6 Kreise bildet. Man dreht den Teig um, und wenn er beiderseits braun gebacken ist, gibt man ihn mit Kompott zu Tisch.

Topfenküchlein

30 dag (300 g) Streichtopfen (Magerquark)
1/2 Tasse Milch
10 dag (100 g) geschroteten Hafer
50 g Honig
1 Prise Vollmeersalz
Zitronenschale
Butter zum Braten
1 Ei

Den Topfen mit Milch und dem geschroteten Hafer vermischen, das Eigelb schaumig rühren, Gewürze hinzufügen und mit der Topfenmasse vermischen. Zuletzt den steifgeschlagenen Schnee darunterziehen. Die Butter erhitzen, mit dem Löffel kleine Plätzchen in die Pfanne setzen und langsam von beiden Seiten goldbraun backen, mit Kompott oder frischen Früchten servieren.

Kaiserkoch

8 dag (80 g) Butter
5 dag (50 g) Honig
3 Eidotter
4 alte Vollkornsemmeln
1/8 l Milch zum Einweichen
5 dag (50 g) Mandeln
Klar von 3 Eiern
Butter und Brösel
für die Schüssel
50 dag (500 g) Kirschen

Zu flaumig gerührter Butter gibt man nach und nach Honig, Eidotter, entrindete, in Milch erweichte, ausgedrückte und passierte Semmeln, geschälte geriebene Mandeln und den steifen Schnee von Eiklar. Die Hälfte dieser Masse wird in eine befettete, mit Bröseln bestreute Auflaufform gefüllt, mit Kirschen belegt, mit der zweiten Hälfte der Masse überdeckt und ca. 1/2 Stunde gebacken.

Moarkrapfen – Woazene Bladln

1/4 kg Weizenvollkornmehl (nicht ganz fein gemahlen)
10 dag (100 g) Butter
3 Eßl. saurer Rahm
oder kalte Milch
1 Ei
1 Eidotter
1 Schuß Rum
Vollmeersalz
kaltgerührte Marmelade, Powidl (Pflaumenmus) zum Füllen

Weizenvollkornmehl und Butter abbröseln und mit den anderen Zutaten rasch zu einem Teig verarbeiten. Den Teig 2 mm dick ausrollen, mit dem Teigradel zu Quadraten ausradeln und mit etwas Marmelade (Powidl) bestreichen, zu Dreiecken zusammenschlagen, die Ränder gut zusammendrücken und evtl. mit dem Teigradel nachformen. Die Woazenen Bladln in tiefem Fett ausbacken.

Salzburger Schlägel

1 kg Weizenvollkornmehl
Vollmeersalz
3 dag (30 g) Germ (Hefe)
Milch oder Wasser
allenfalls ein Ei
etwas Butter für die Kasserolle

Aus den Zutaten wird ein weicher Teig gemacht, den man fest abschlägt, aufgehen läßt, wieder abschlägt und nochmals aufgehen läßt. In einer Kasserolle wird Butter zerlassen und die Masse hineingegeben. Dann läßt man den Teig nochmals aufgehen und bäckt ihn 3/4 Stunden im Rohr. Man kann dem Teig auch mehr Eier, Butter und Honig, außerdem Weinbeerln oder Nüsse beifügen und den Schlägel als Süßspeise essen.

Schneetorte

Klar von 5 Eiern
16 dag (160 g) Honig
16 dag (160 g) Nüsse (Walnüsse oder Mandeln)
5 dag (50 g) Zitronat
Butter und Mehl für die Form
Kokosflocken zum Bestreuen

Der steife Schnee von Eiklar wird unter leichtem Umrühren mit Honig, geriebenen Nüssen und feingeschnittenem Zitronat vermengt, in eine befettete und bemehlte Tortenform gefüllt und sehr langsam gebakken (ca. 3/4 Stunde). Die Torte wird nach dem Auskühlen mit Kokosflocken bestreut.

"Moosbeerflen" Heidelbeerschnitzel

1/2 kg Weizenvollkornmehl
2–4 Eier
ca. 1/2 – 3/4 l Milch
Honig
Vollmeersalz
1 – 1 1/2 l Heidelbeeren
Fett zum Ausbacken

Vollkornmehl, Milch, Eier, Vollmeersalz und Honig werden zu einem Tropfteig verrührt. Die Heidelbeeren mengt man darunter. Aus dem Teig werden in einer Pfanne kleine, dicke Omeletten gebacken.

Mozartzopf

50 dag (500 g) feines Weizenvollkornmehl
4 dag (40 g) Germ (Hefe)
15 dag (150 g) Honig
1/8 l Milch, lauwarm
3 MS Vanillgewürz
1 Prise Vollmeersalz
Schale einer abgeriebenen Zitrone
10 dag (100 g) Butter
2 Eidotter
15 dag (150 g) getrocknete Marillen

Das frischgemahlene Vollkornmehl in eine Schüssel geben, eine Mulde eindrücken, Germ einbröckeln. Mit etwas Milch ein Dampfl bereiten und zugedeckt 15 Minuten gehen lassen.
Nun die weiche Butter flockenartig auf dem Mehlrand verteilen, die restliche Milch, Honig, Vanillgewürz, Vollmeersalz, Zitronenschale und Eidotter dazugeben und zu einem geschmeidigen Teig kneten. Dann die feingehackten Marillen beigeben, den Teig so lange schlagen, bis der Teig Blasen wirft. Zugedeckt wiederum 30 Minuten ruhen lassen. Dann mit bemehlten Händen aus dem Teig acht gleichmäßige, daumendicke Stränge formen.
Die Stränge am oberen Ende zusammendrücken und evtl. mit einem Gegenstand beschweren. Immer den äußeren Strang (rechts beginnend, dann zum linken überwechselnd) in einem Winkel von 90 Grad legen. Dann über 3 Stränge ziehen. So fortfahren, bis der ganze Zopf geflochten ist.
Den Zopf auf ein gefettetes Backblech legen und 20 Minuten gehen lassen. Mit 1 Eidotter bestreichen und im vorgeheizten Ofen etwa 35/40 Minuten bei 200 Grad backen.

Steiermark

Die Steiermark, gebirgig im Westen, breit und flacher im Osten mit der im Grazer Becken liegenden Hauptstadt Graz, der zweitgrößten Stadt Österreichs, ist sie das waldreichste Bundesland; sie wird die "grüne Mark" genannt. Hochgebirge im Norden, im Süden Reben und im Osten Hügelland geben ein mannigfaltiges Bild.
Dabei liegt viel Sehenswürdiges am Wege, historisch gewachsene Orte, schöne kirchliche und profane Bauten.
Die Küche zeigt auch hier starke bäuerliche Elemente, unter dem Einfluß der Lage zum Balkan und Ungarn hin.

Steirische Kartoffelsuppe

Text zum Bild

200 g (20 dag) Zwiebeln
50 g (5 dag) Vollkornmehl
1 l Gemüsebrühe
100 g (10 dag) Karotten
100 g (10 dag) Petersilienwurzel
100 g (10 dag) Sellerie
400 g (40 dag) Kartoffeln
Vollmeersalz,
Pfeffer, Lorbeer,
Majoran, Knoblauch,
Kümmel, etwas Pilze

Die Zwiebeln würfelig schneiden und in etwas Butter glasig anschwitzen. Das Vollkornmehl dazugeben und eine Einbrenn machen. Mit Gemüsebrühe aufgießen. Das Gemüse feinwürfelig schneiden und in die Brühe geben. Mit den Gewürzen pikant abschmecken. Ca. 1/2 Stunde kochen lassen. Nochmals abschmecken und heiß servieren.

Text zum Bild

Grazer – Ratsherrensalat

20 dag (200 g) Paradeiser (Tomaten)
1 Salatgurke
3 hartgekochte Eier (in Achtel)
1 grüne Paprikaschote
10 dag (100 g) Emmentaler
5 dag (50 g) schwarze Oliven
1 kleine Zwiebel
1 Knoblauchzehe

Für die Marinade:
6 Eßl. Olivenöl, kaltgepreßt
2 Eßl. Obstessig
2 Tl. Zitronensaft
1/2 Eßl. Senf
2 Eßl. frischgehackte Petersilie
1 Tl. zerriebener Oregano
weißer Pfeffer,
Brecht's Kräutersalz

Paradeiser in Schnitze teilen, Gurke ungeschält in Scheiben schneiden. Paprikaschote und Käse in 1/2 cm breite Streifen schneiden. Oliven entsteinen, Zwiebel in Ringe schneiden. Knoblauchzehe anschneiden und Salatschüssel damit ausreiben. Öl, Essig, Zitronensaft, Petersilie, Senf, Oregano, Pfeffer und Kräutersalz darin gut verrühren. Die Salatzutaten reingeben. Mit der Sauce vermischen und 60 Minuten im Kühlschrank ziehen lassen. Mit den Eiern garnieren.

Text zum Bild

Erdäpfel–Schnitzeln

1/2 kg gekochte Erdäpfel (Kartoffeln)
2 Eier
Vollmeersalz
Weizenvollkornmehl nach Belieben
Petersilie
1 Zwiebel

Gekochte, geriebene Erdäpfel, Weizenvollkornmehl, Eier, Vollmeersalz und in Butter gedünstete, gehackte Zwiebel und Petersilie knetet man gut. Der Teig sollte so wie zu Erdäpfelknödel sein. Längliche Schnitzeln formen und in heißem, kaltgeschlagenem Öl herausbacken.

Steirische Eier

8 Eier
etwas Butter
5 dag (50 g) Vollkornsemmelbrösel
Vollmeersalz
1 Bündchen Schnittlauch

Man schlägt die Eier auf und läßt sie äußerst vorsichtig (damit die Dotter nicht beschädigt werden) in eine gut gefettete und mit den Vollkornsemmelbröseln bestreute Auflaufform gleiten. Dann salzt man sie und läßt sie ungefähr 3 Minuten im heißen Rohr backen. Hierauf bestreut man die Eier mit feingeschnittenem Schnittlauch.

Käsesalat "Erzherzog Johann"

35 dag (350 g) Emmentaler
1/2 ungeschälte Salatgurke
5 Eßl. gekeimter Weizen
5 Eßl. kaltgepreßtes Öl
3 Eßl. Obstessig
1 Teel. Senf
Brecht's Kräutersalz
Pfeffer
1 Eßl. frischen Dill
2 Paradeiser (Tomaten)

Emmentaler-Käse in feine Streifen, Gurke längs halbiert in feine Scheiben geschnitten, die gekeimten Weizenkörner in eine Schüssel geben. Mit den restlichen Zutaten herzhaft marinieren. Mit Paradeiserekken und Dillsträußchen garnieren.

Paprika- und Krautsalat

1/2 kg grüne Paprikaschoten
1 kleiner Kopf Weißkraut
2 große Zwiebeln
1 Tl. Kümmel
1 Tl. Pfefferkörner
Würzessig:
1 1/4 l Obstessig
0,4 l Wasser
1 Eßl. Vollmeersalz
1 1/2 Eßl. Honig

Die Paprikas aushöhlen, auswaschen und feinnudlig schneiden. Auch feinnudelig geschnittenen Zwiebeln und Weißkraut dazugeben, alles gut einsalzen und Kümmel darunterheben. Obstessigwasser und Pfefferkörner aufkochen lassen, den Honig einrühren und kalt über den Salat gießen. In Gläser schichten und mit Cellophan verschließen. Ca. 8 Tage durchziehen lassen.

Knofelsuppe

3/4 l Wasser
11 Knoblauchzehen
1/8 l Obstessig
2–3 Eßl. Weizenvollkornmehl
1–2 Eßl. Butter
Vollmeersalz
Pfeffer

Das Wasser salzen und mit 5–6 Knoblauchzehen aufkochen lassen. Den Obstessig mit 2–3 Eßl. Weizenvollkornmehl verquirlen und langsam ins Knoblauchwasser einlaufen lassen. Die Suppe noch einmal aufkochen. Inzwischen in einem Reinderl (Topf) 1–2 Eßl. Butter heiß werden lassen und noch 4–5 Knoblauchzehen darin hellgelb anlaufen lassen. Mit einem Schwung in die Suppe gießen, daß es zischt. Zum Schluß noch pfeffern.

Heidenauflauf

5 Eier
3 Eßl. Honig
4 Eßl. Heidenmehl (Buchweizenmehl)
1/4 l heißer, gesüßter Weißwein zum Übergießen

Eidotter mit Honig schaumig rühren, Heidenmehl dazugeben. Gut abrühren, damit nichts klumpig wird und zuletzt den Schnee der 5 Eiklar darunterziehen. Im Rohr in einer feuerfesten Form backen und noch warm mit heißem gesüßtem Weißwein übergießen.

Steirisches Rahmkoch

1/4 l Sauerrahm
5 Eßl. Honig
4 Eier
Weizenvollkornmehl
Vanillegewürz
etwas Vollmeersalz

Auflaufform gut fetten und mit Vollkornmehl ausstauben. 4 Eidotter mit Sauerrahm, Weizenvollkornmehl, Vanillegewürz und Vollmeersalz verrühren sowie etwas Honig. 4 Eiweiß und etwas Honig zu einem steifen Schnee schlagen. Schnee im Rahmteig unterziehen und in Form füllen.
Im vorgeheizten Rohr bei 170 Grad eine halbe Stunde backen.

Krautstrudel

Grundrezept:
1 kleiner Krautkopf
1 1/2 Tl. Vollmeersalz
1 Tl. Kümmel
1 Eßl. Butter
2 kleine Zwiebeln
1/2 Tl. Vollmeersalz
Pfeffer
1 Spritzer Obstessig
etwas Wasser
10 dag (100 g) flüssiges kaltgeschlagenes Öl zum Bestreichen
1 Lorbeerblatt
1 Knoblauchzehe

Den Krautkopf feinnudelig schneiden. Mit Vollmeersalz und Kümmel gut vermischen und 1 Stunde stehen lassen. In reichlich Butter nudelig geschnittene Zwiebel anrösten. Das gut ausgedrückte Kraut, Vollmeersalz, Pfeffer, Lorbeer u. zerdrückte Knoblauchzehe und den Obstessig dazugeben. Auch ein wenig Wasser, nur so viel, daß es nicht anbrennt, und weichdünsten. Auskühlen lassen. Auf den ausgezogenen, mit Butter bestrichenen Strudelteig geben und zusammenrollen. Die Oberfläche wieder mit Butter beträufeln und in der Rein oder auf dem Backblech backen. (Strudelteig siehe Grundrezept).
Bei 200 Grad ca. 35 Minuten backen, bis die Oberfläche braun wird.

Erdäpfelstrudel (Fülle I)

Grundrezept des Strudelteiges
1 kg Erdäpfel (Kartoffel)
1 l kaltes Wasser
2 Eßl. Butter
2 Zwiebeln
Vollmeersalz
Pfeffer
1/2 l saurer Rahm
10 dag (100 g) flüssiges Fett zum Bestreichen

Die Erdäpfel schälen und ins kalte Wasser reiben, damit sie nicht schwarz werden. In Butter blättrig geschnittene Zwiebel anrösten. Die gut ausgedrückten Erdäpfel dazugeben. Salzen und pfeffern. Den Sauerrahm gut darunterrühren und etwas auskühlen lassen. Den ausgezogenen Teig mit flüssigem Fett bestreichen. Die Fülle daraufgeben, zusammenrollen und in eine gut mit Butter ausgestrichene Strudelrein schneckenförmig hineinlegen. Nochmals Fett darüberträufeln. Bei 200 Grad ca. 35 Minuten backen, bis der Strudel eine hellbraune Kruste bekommt.
Strudelteig siehe Grundrezept.

Erdäpfelstrudel (Fülle II)

Grundrezept des Strudelteiges
20 dag (200 g) kurz gekochte Erdäpfel (Kartoffeln)
3 dag (30 g) Honig
3 Eier
10 dag (100 g) flüssige Butter zum Bestreichen

Man rührt den Honig in einer Schüssel auf dem Herd, bis er warm wird. Dann gibt man die Eidotter zu, mischt nur kurz gesottene, geriebene Erdäpfel und den Schnee von 3 Eiklar dazu und streicht alles auf den ausgezogenen Strudelteig. Zusammengerollt und schneckenförmig gedreht, legt man ihn in eine gut ausgefettete Rein, bestreicht ihn mit Butter. Bei 200 Grad ca. 35 Minuten backen, bis der Strudel eine hellbraune Kruste bekommt.
Strudelteig siehe Grundrezept.

Rahmomelette

2 Eßl. Butter
1 Eßl. Weizenvollkornmehl
4 Eßl. saurer Rahm
4 Eidotter
2 Eiweiß

2 Eßl. zerlassene Butter verrührt man mit 1 Eßl. Weizenvollkornmehl und gibt 4 Eßl. sauren Rahm darunter, läßt alles gut verkochen und auskühlen. Wenn die Masse ganz kühl ist, rührt man 4 Eidotter dazu und schließlich den festen Schnee von 2 Eiweiß und bäckt nun 2 bis 3 Omeletten aus dieser Masse. Beim Servieren kann man die Omelette mit feingeschnittenen, gedünsteten Eierschwammerln füllen.

Hoadennudeln mit Topfenfülle

1/2 kg Heidenmehl (Buchweizenmehl)
kochendes Wasser
Vollmeersalz
1/3 kg Topfen (Magerquark)
2 Eidotter
1 Eßl. saurer Rahm
Vollmeersalz
Petersilie
Kerbelkraut
10 dag (100 g) Vollkornsemmelbrösel

Man macht von gesalzenem, mit siedendem Wasser abgebrühtem Heidenmehl einen ziemlich weichen Teig, schneidet ihn in Stücke und treibt diesen zu handtellergroßen ovalen Flecken aus, die dann mit nachstehender Topfenfülle gefüllt werden: Feingeschnittene Petersilie und Kerbelkraut mit Weizenvollkornsemmelbröseln in heißer Butter anlaufen lassen, bröckeliger, durch ein Leinentuch gedrückter, Topfen und mit saurem Rahm und etwas Vollmeersalz versprudelte Eidotter dazugeben und auf die Flecken streichen. Dickere Nudeln rollen, in Salzwasser vorsichtig gar kochen und mit in Butter gerösteten Weizenvollkornsemmelbröseln abschmalzen.
Die Nudeln sind gar, wenn sie oben schwimmen.

Kürbisruabn

1/2 Kürbis
1 Tl. Kümmel
1 Eßl. Butter
3 Spritzer Obstessig
1 Eßl. Paprika, edelsüß
3 Eßl. Weizenvollkornmehl
1/4 l Sauerrahm

Den Kürbis schälen. Die Kerne auskratzen und fein schaben (hobeln). Einsalzen, Kümmel dazugeben, etwas stehen lassen und dann gut ausdrücken. Die Butter heiß werden lassen, den Kürbis dazugeben, nach Geschmack Obstessig und Paprika darunterrühren und kurz weich dünsten lassen. Das Weizenvollkornmehl mit Sauerrahm gut versprudeln und zum weich gedünsteten Kübisgemüse dazugeben.

Senfgurken

Schöne große Gurken schälen und der Länge nach durchschneiden. Die Kerne rausnehmen, Gurken in Stifteln schneiden und in ein 5 l Glas schichten. Dann in einen Topf geben:

3 Teile Wasser
1 Teil Obstessig
Vollmeersalz, etwas Honig

ca. 15 – 20 Minuten kochen, dann kalt stellen, 1/2 dag (5 g) Senfkörner und 1/2 – 1 geriebene Krenwurzel (Meerrettich) über die Gurken geben und mit dem Obstessigsud übergießen. Ein Büscherl Dill daraufgeben und gut zubinden.

Gemüseragout mit pochierten Eiern

Einige Gemüse der Jahreszeit, z.B.:
1 Eßl. Kohl (Wirsing)
1 Eßl. Karfiol (Blumenkohl)
1 Eßl. Karotten
1 Eßl. Sellerie
1 Eßl. Erbsen
1 Petersilienwurzel
1 Eßl. Kohlrüben
Vollmeersalz
6 dag (60 g) Butter
4 dag (40 g) Weizenvollkornmehl
etwas Zitronensaft
1 Prise Muskatnuß
8 Eier

Von einigen Gemüsen der Jahreszeit wird je 1 Eßl. voll genommen und in Salzwasser weichgekocht. Jedes einzelne Gemüse soll kleinwürfelig geschnitten sein. Dann läßt man 6 dag (60 g) Butter in einer Kasserolle aufschäumen, gibt 4 dag (40 g) Weizenvollkornmehl dazu und gießt es mit dem Gemüsewasser zu einer dünnflüssigen Sauce auf und läßt sie 10 Minuten verkochen. Dann werden die Gemüse in die Sauce gegeben und mit Vollmeersalz, etwas Zitronensaft und einer Prise Muskatnuß gewürzt. Dieses Gemüseragout richtet man in einer Schüssel an und belegt es obenauf mit 8 schönen pochierten Eiern.

Frittatibraten

Palatschinkenteig:
1 l Milch
25 dag (250 g) Weizenvollkornmehl
2 Eier
Vollmeersalz
(Gut verquirlen, Palatschinken in heißer Butter ausbacken)
Fülle:
30 dag (300 g) Weizen
2 Eßl. Butter
2 Eier
Vollmeersalz
Pfeffer

Man backt Palatschinken, so dünn wie möglich und schneidet einige feinnudelig auf. Man schrotet den Weizen grob und gart ihn 20 Minuten in 3/4 l Wasser, läßt die Masse abkühlen. Nun verrührt man Butter, Eier, Vollmeersalz und Pfeffer, gibt die Weizenschrotmasse und die geschnittenen Frittati (Palatschinken) dazu, nimmt ein großes, sauberes Geschirrtuch, feuchtet es gut an und bestreicht es mit Butter. Zuerst legt man die ganzen Frittaten darauf, füllt die Masse länglich darüber und rollt alles zusammen. Das Tuch an beiden Enden fest mit Spagat zubinden, über 2 Kochlöffelstiele in einen Topf mit kochendem Wasser hängen und ca. 1/2 Stunde leicht kochen lassen. Kurz abdampfen lassen, den Spagat aufschneiden und den Frittatibraten in schräge Schnitten schneiden; Salat dazu reichen.

Zwiebel–Paradeiser–Kuchen

Für den Teig:
25 dag (250 g) Weizenvollkornmehl
10 dag (100 g) Butter
2 Eßl. kaltgepreßtes Öl
1 Eßl. Zitronensaft
1 MS Vollmeersalz
Für den Belag:
2 große Zwiebeln
4 Paradeiser (Tomaten)
20 dag (200 g) geriebener Emmentaler
2 Eßl. gehackte Petersilie
1 Eßl. Kümmel
3 dag (30 g) Butter

Die Teigzutaten rasch zu einem mürbem Teig zusammenkneten und 1 Stunde in den Kühlschrank stellen. Dann den Teig auswellen und damit eine gefettete Springform auslegen.
Für den Belag werden die Zwiebeln geschält, halbiert und in feine Scheiben geschnitten, die mit der restlichen Butter gedämpft werden. Die Zwiebeln abkühlen lassen, Petersilie und Kümmel darunter mengen und die Zwiebelmasse auf den Teigboden verteilen. Dann Paradeiser in Scheiben schneiden und ebenfalls darauf verteilen. Alles mit Reibkäse bestreut bei 180 Grad im vorgeheizten Ofen gut 1/2 Stunde backen.

Brennsterz

12,5 dag (125 g) Weizenvollkornmehl
1/4 l Wasser
Vollmeersalz
3 Eßl. Butter

Das Weizenvollkornmehl mit dem siedenden gesalzenen Wasser übergießen. Die Butter ganz heiß werden lassen, mit einem Eßlöffel den Mehlbrei ins Fett geben und so lange zerstoßen, bis die Masse feinbröckelig ist.

Polentasterz

1 l Milch
1 gestr. Eßl. Vollmeersalz
40 dag (400 g) Polenta (Maisgrieß)
20 dag (200 g) Butter (evtl. kaltgeschl. Öl)

Die gesalzene Milch mit der Butter zum Kochen bringen, den Polenta einkochen und dünsten. Vor dem Anrichten mit der Gabel auflockern.

Bischofsbrot

10 dag (100 g) Honig
2 ganze Eier
2 Eidotter
15 dag (150 g) Weizenvollkornmehl
1/2 Päckchen Backpulver
10 dag (100 g) Rosinen
6 dag (60 g) Nüsse

Honig, Eier und Eidotter werden 1/2 Stunde von Hand gerührt. Weizenvollkornmehl, Backpulver, Rosinen und Nüsse werden daruntergegeben. In eine gefettete und bemehlte Form füllen und backen bei 200 Grad ca. 3/4 Stunde.

Türkentommerl

15 dag (150 g) Butter
4 Eier
1 Eßl. Honig
1 l Milch
25 dag (250 g) Maismehl
1/2 kg Äpfel

Aus Butter, Eidotter und Honig macht man einen Abtrieb. Die Milch mit dem Maismehl vermischen, den Abtrieb unterrühren und den steifgeschlagenen Schnee der 4 Eiklar unterziehen. In eine gefettete Rein geben, mit Apfelspalten belegen und 3/4 Stunde bei mittlerer Hitze backen.

Hollerstrauben

1/4 l Wein
2 Eier
3 dag (30 g) Honig
1 Prise Vollmeersalz
22 dag (220 g) Weizenvollkornmehl
50 dag (500 g) Hollerblüten

Die Zutaten gut miteinander verquirlen, ca. 1/2 Stunde rasten lassen. Inzwischen Hollerblüten unter fließendem Wasser abbrausen und gut trockentupfen. In den Teig tauchen und in heißem Fett goldgelb ausbacken. Mit Honig (flüssig) bestreichen und gleich essen.

Saure Rahmstrauben

6 Eßl. Weizenvollkornmehl
6 Eßl. saurer Rahm
Vollmeersalz
5 Eier
1 kl. Eßl. Butter
etwas Honig zum Bestreichen

Zum feingesiebten Weizenvollkornmehl wird saurer Rahm gerührt. Dann gibt man etwas Vollmeersalz, Eier und siedendheiße Butter dazu. Diese Masse läßt man durch einen Straubentrichter in heißes Fett laufen, backt die Strauben schön goldgelb und bestreicht sie noch heiß mit Honig.

Spritzstrauben

1/4 l Milch
Prise Vollmeersalz
12,5 dag (125 g) Weizenvollkornmehl
3 Eidotter
1 Eßl. Schnaps

Die Milch mit etwas Vollmeersalz aufkochen. Das Weizenvollkornmehl hineingeben und den Teig so lange rühren, bis er sich vom Boden löst. Vom Herd nehmen und auskühlen lassen. Eidotter und Schnaps dazugeben und gut und schnell unterrühren. Die Masse in die gefettete Straubenspritze (es geht auch ein normaler Spritzsack) füllen und runde Strauben ins heiße Fett spritzen. Gut abtropfen lassen. Mit Zitronen- oder Rumglasur noch heiß überziehen.

Schnitterkrapfen (Germstrauben)

Dampferl von: 6 dag (60 g) Germ (Hefe)
1/8 kg griffiges Weizenvollkornmehl
etwas Honig
1/8 l lauwarme Milch
90 dag (900 g) Weizenvollkornmehl
10 dag (100 g) Butter
5 dag (50 g) Honig
2 Eier
3 Eidotter
2 Eßl. Rum
1 Tl. Vollmeersalz
abgeriebene Schale von 1 Orange
Milch nach Bedarf

Aus Germ und griffigem Weizenvollkornmehl sowie der Prise Honig und lauwarmer Milch ein Dampferl machen. Angewärmtes, griffiges Weizenvollkornmehl, Butter, Honig, Eier, Eidotter, Rum, Vollmeersalz, abgeriebene Schale von 1 Orange und Milch (soviel der Teig annimmt) dazugeben und gut abschlagen, bis sich der Teig von der Schüssel löst. An einem warmen Ort gehen lassen. Dann fingerdick auswalken, Vierecke ausradeln und in diese Streifen hineinradeln, so daß die Flecken oben und unten noch zusammenhalten. In heißem Fett ausbacken und mit Kokosflocken bestreuen.

Erdbeersalat “Försterliesel”

80 dag (800 g) Erdbeeren
4 Zweige frischer Waldmeister
6 dag (60 g) Honig, evtl. nach Geschmack auch weniger
1 Zitrone ausgepreßt
3 Eßl. Weißwein (milder)
3 Eßl. grobgehackte Haselnüsse

Die Erdbeeren werden gewaschen und die Stiele abgezupft. Große Erdbeeren geviertelt, kleine halbiert. Waldmeister abspülen und die Blättchen von den Stielen abzupfen und fein schneiden. Nun Zitronensaft mit Honig u. Weißwein vermengen, notfalls leicht erwärmen, damit sich der Honig auflöst. Dann jedoch abkühlen lassen. Mit dem geschnittenen Waldmeister und den grob gehackten Haselnüssen servieren.

Rahmstrudel

1/8 kg Butter
Honig nach Geschmack
3 Eier
1/4 l saurer Rahm
10 dag (100 g) Rosinen
Vanille

Butter, Honig und Eidotter flaumig abtreiben, dann kommen Sauerrahm, Vanille und der Schnee von 3 Eiklar dazu. Die Fülle auf den ausgezogenen Strudelteig geben, einen kleinen Teil zurückbehalten. Einige Rosinen darüberstreuen, den Teig zusammenwerfen – nicht rollen – und in die mit Butter bestrichene Gußeisenrein geben. Den Rest der Fülle noch in die Mitte häufeln. Goldgelb backen, bei 200 Grad ca. 35 Minuten.
(Strudelteig siehe Grundrezept)

Steirischer Apfelkuchen

60 dag (600 g) Weizenvollkornmehl
1 geh. Tl. Weinstein–Backpulver
20 dag (200 g) Butter
3 Eßl. Honig
1/4 Tl. Vollmeersalz
1/4 l Milch
Vanille u. Zitronenschale
1,5 kg Äpfel
4 Eßl. Zitronensaft
1–2 Tl. Zimt
10 dag (100 g) Honig
10 dag (100 g) Rosinen
10 dag (100 g) gehackte Mandeln oder Haselnüsse
Rum
1 Eidotter
etwa 20 dag (200 g) Vollkornsemmelbrösel
mit 5 dag (50 g) Butter anrösten

Vollkornmehl mit Backpulver vermengen, Butterflocken darauf verteilen, dann Honig, Vollmeersalz, Vanille, Zitronenschale und Milch in die Schüssel geben und rasch zusammenkneten. Teig 1 Std. in den Kühlschrank stellen.
Währenddessen Äpfel vom Kerngehäuse befreien und grob raspeln, Honig, Rum, Zitronensaft, Zimt, Rosinen und die gehackten Mandeln dazumengen. Nun 3/4 Menge des Teiges auswellen und ein ausgefettetes Backblech belegen. Geröstete Vollkornbrösel auf den Teigboden verteilen, dann das Apfelgemisch obenauf. Der restliche Teig wird ausgerollt, in Streifen geschnitten und gitterförmig über den Kuchen gelegt, mit Eidotter bestrichen und ca. 30 Minuten gebacken in gut vorgeheiztem Ofen bei 180 – 200 Grad.

Zwetschgenstrudel

1/8 kg Butter
Honig
2 Eier
2 Tl. Zitronensaft
1 kg entkernte Zwetschgen
1 Tl. Zimt
evtl. noch gehackte Nüsse
oder Semmelbrösel

Man macht einen Abtrieb von Butter, Honig nach Geschmack und den Eidottern, gibt noch etwas Zitronensaft und Schnee von 2 Eiklar dazu. Diese Masse wird auf den gezogenen Strudelteig gestrichen, streut Zwetschken darüber und würzt mit Zimt. Man kann auch noch gehackte Nüsse oder Vollkornsemmelbrösel darübergeben und macht den Strudel wie vorher beschrieben fertig. Variante: Man bestreicht den ausgezogenen Strudelteig mit Butter, gibt entkernte Zwetschgen dicht darauf (Fülle immer nur auf 2/3 des Teiges), gibt Honig und Zimt darüber und bröselt zum Schluß noch 1/4 kg bröckeligen Topfen darüber. Fertigmachen wie Topfenstrudel. Bei 200 Grad ca. 35 Minuten backen.
(Strudelteig siehe Grundrezept)

Heidentorte

18 dag (180g) Butter
15 dag (150 g) Honig
8 Eier
Schale und Saft einer Zitrone
20 dag (200 g) Heidenmehl (Buchweizenmehl)
10 dag (100 g) geriebene Mandeln
Preiselbeermarmelade zum Füllen

Butter, Honig, Eidotter, Schale und Saft der Zitrone flaumig schlagen. Den Schnee von 8 Eiklar, Heidenmehl und geriebene Mandeln leicht darunterheben. In eine gefettete und bemehlte Tortenform geben, ins vorgeheizte Rohr schieben und backen. Erkaltet mit Preiselbeermarmelade füllen. Bei 200 Grad ca. 3/4 Stunde backen.

Allerheiligenstriezel

40 dag (400 g) Weizenvollkornmehl
1 Tl. Vollmeersalz
8 dag (80 g) Honig
10 dag (100 g) erwärmte Butter
12 Eßl. Milch
2 dag (20 g) Germ (Hefe)
10 dag (100 g) Rosinen
etwas Rum
3 Eier
1 Tl. feingeriebene Zitronenschale

Germ (Hefe) wird mit 1 Eßl. lauwarmer Milch, 2 dag (20g) Weizenvollkornmehl zu einem Dampferl gerührt und an einem warmen Ort gehen gelassen.
Weizenvollkornmehl, Vollmeersalz, Honig, erwärmte Butter und Milch werden mit dem Dampferl vermischt und mit 2 Eidottern und 1 ganzen Ei zu einem Teig verarbeitet. Wenn der Teig gut durchgeknetet ist, fügt man noch 10 dag (100 g) in etwas Rum eingeweichte Rosinen und 1 Tl. feingeriebene Zitronenschale bei. Man macht aus dem Teig 4 dicke, 3 etwas dünnere und 2 sehr dünne Rollen, die alle gleichlang sein müssen. Erst die 4 dicken Rollen zu einem Zopf flechten, mit Eiklar bestreichen, 1 Zopf aus den 3 dünneren Rollen darauflegen, wieder mit Eiklar bestreichen, zuletzt kommen die 2 dünnen Rollen zusammengedreht darauf. Nun läßt man den Striezel an einem warmen Ort doppelt so hoch aufgehen, bestreicht wieder mit Eiklar. Man kann ihn dann noch zur Verfeinerung mit Kokosflocken bestreuen und schiebt den Striezel ins leicht vorgeheizte Rohr und backt bei ca. 220 Grad ungefähr 1 Stunde lang. (Wer es natürlich kann, wird den Striezel gleichzeitig mit den 6 Strängen flechten).

Vorarlberg

Es ist das westlichste Tor nach Österreich. Aufgrund seiner geografischen Lage und der Zuordnung zur alemannischen Sprachfamilie hat es seine ganz besonderen Eigenheiten entwickelt.
Das Volk, besonders des Bregenzerwaldes, ist sehr traditionsgebunden. Flink in kaufmännischen Dingen, aber ebenso bescheiden und einfach in ihren Nationalgerichten, der Brennsuppe mit Kartoffeln, dem Hafenlaib, dem Türkensterz oder Rieble und Kässpätzle.
Ein Land zum Wandern und Skilaufen an den weiten weißen Hängen des Arlberges, zum Verweilen und Genießen.

Vorarlberger Kässpätzle

Text zum Bild

25–30 dag (250–300 g) Weizenvollkornmehl
schwach 1/4 l Wasser
1 Ei
Vollmeersalz
5 dag (50 g) Fettkäse
5 dag (50 g) Sauerkäse
Zwiebeln

Weizenvollkornmehl, Ei und Wasser rasch zu einem Teig vermengen (nicht schlagen) und durch das Spätzlesieb ins kochende Salzwasser drücken. Wenn die Spätzle schwimmen, seiht man sie ab und bestreut sie lagenweise mit geriebenem Käse. Die ringelig geschnittenen Zwiebeln werden in heißer Butter geröstet und darüber gegeben – zuletzt mit Pfeffer und Petersilie bestreut.

Text zum Bild

Kirschenauflauf

1/2 kg Kirschen
6 Vollkornsemmeln
3/4 l Milch
15 dag (150 g) Honig
3 Eier
7 dag (70 g) Mandeln

Vollkornsemmeln würfelig schneiden, mit Milch übergießen und 1/4 Stunde ziehen lassen. Eidotter und Honig schaumig rühren, Mandeln reiben und dazugeben, mit dem Semmelbrei übergießen und den Kirschen vermischen, in eine Auflaufform geben und bei 180 Grad 60 Minuten im Rohr backen.

Text zum Bild

Vanillekipferl

18 dag (180 g) Weizenvollkornmehl
10 dag (100 g) Butter
1 MS Vanillegewürz
5 dag (50 g) Mandeln
1 Eidotter
6 dag (60 g) Honig

Weizenvollkornmehl, Butter, Honig, geschälte, geriebene Mandeln und Eidotter werden auf dem Brett zu einem Teig verarbeitet. Daraus formt man kleine Kipferl, die auf einem Blech bei 200 Grad gebacken werden, bis sie braun sind und noch heiß in Kokosflocken eingedreht werden.

Salat "Erzherzogin Stephanie"

25 dag (250 g) Gouda
3 Stauden Chicorée
1 kleinere Knolle Sellerie
1 säuerlicher Apfel
3 Eßl. gekeimter Weizen
2 Eßl. Mayonnaise
1 Tl. Tomatenmark
Saft einer Zitrone
1 Eßl. frischer Dill
Pfeffer und Brecht's Kräutersalz

Gouda in kleine Würfel schneiden, Chicorée putzen, der Länge nach halbieren, Strunk ausschneiden und in 1 cm dicke Streifen schneiden. Sellerieknolle waschen, schälen und in feine Streifen schneiden. Bei dem Apfel das Kerngehäuse ausstechen und den Apfel würfeln. Majonnaise, Tomatenmark, Zitronensaft und die restlichen Zutaten vermengen und alles pikant abschmecken.

Vorarlberger Landsknechtsalat

30 dag (300 g) Emmentaler
2 grüne Paprikaschoten
1 säuerlicher Apfel
5 Eßl. gekeimter Hafer
2 Eßl. frisch gehackter Schnittlauch und Petersilie
Kren
Vollmeersalz
Pfeffer
Obstessig
kaltgeschlagenes Öl

Emmentaler in feine Streifen schneiden, den gewaschenen Paprika in feine Würfel, ebenso den Apfel. Sämtliche Zutaten vermengen und mit den Gewürzen pikant abschmecken.

Vorarlberger Salat

1 Stück Sellerieknolle
1 kleiner Karfiol (Blumenkohl)
1/2 grüne Paprikaschote
1 großer säuerlicher Apfel
1 Essiggurke
2 kleine Zwiebeln
15 dag (150 g) frische Erbsen
15 dag (150 g) Karotten
Für die Marinade:
1/8 l saurer Rahm
10 dag (100 g) Mayonnaise (siehe Grundrezept)
Vollmeersalz
frisch gemahlener schwarzer Pfeffer
3 Eßl. Schnittlauch, geschnitten
Zum Garnieren:
2 Eßl. gehackte Petersilie
4 Paradeiser (Tomaten)

Sellerie und Karfiol putzen und waschen. Den Karfiol in Röschen teilen, Sellerie in kleine Würfel. In leicht gesalzenem Wasser ca. 4 Minuten vorkochen, abtropfen lassen.
Paprika vierteln, putzen, waschen, Apfel schälen und entkernen. Sellerie, Paprika, Apfel und Gurke hacken. Zwiebeln schälen und in sehr dünne Scheiben schneiden und alles mit den vorblanchierten Erbsen und Karotten mischen.
Für die Marinade den sauren Rahm und die Mayonnaise verrühren, würzen und den Schnittlauch unterheben.
Salat hügelig auf einem Teller anrichten, Marinade darauf verteilen, mit Petersilie bestreuen. Gewaschene, abgetropfte Paradeiser achteln, Salat damit umlegen und servieren.
Dazu paßt: Weizenvollkorn–Toastbrot

Camembertsalat

10 dag (100 g) Salatgurke
20 dag (200 g) Camembert
10 dag (100 g) Sellerie
10 dag (100 g) gekeimter Hafer
1 Apfel
2 Eßl. Mayonnaise
1 Eßl. saure Sahne
Paprika, Delikata
Vollmeersalz
frischer Dill und
Schnittlauch

Die gewaschene Gurke, halbiert in Streifen schneiden, Camembert würfeln, geschälte Sellerie und den entkernten Apfel in feine Streifen schneiden. Mit Mayonnaise, saurer Sahne, Paprika, Vollmeersalz, Delikata, dem geschnittenen Schnittlauch und Dill abschmekken. Zum Schluß den gekeimten Hafer untermischen.

Dillsoße

4 dag (40 g) Fett
4 dag (40 g) Weizenvollkornmehl
Petersiliengrün
Zwiebel
1 Büschel Dillkraut
Wasser oder klare Gemüsebrühe
Zitronensaft oder Obstessig
Vollmeersalz
3 Eßl. Rahm (süße Sahne)

Eine hellgelbe Einbrenne, in der man feingehackte Zwiebeln und Petersilie anröstet, wird mit Wasser oder klarer Gemüsebrühe aufgegossen. Dann mengt man den Rahm, Zitronensaft oder Essig und Vollmeersalz dazu, gibt das feingehackte Dillkraut hinein und läßt die Soße eine Weile verkochen.

Knoblauchsoße

4 dag (40 g) Butter
4 dag (40 g) Weizenvollkornmehl
Vollmeersalz
3–4 Knoblauchzehen, je nach Größe

Knoblauch wird geschält und fein zerdrückt. In einer lichten Einbrenne läßt man den Knoblauch kurz aufschäumen, gießt mit Wasser oder klarer Gemüsebrühe auf, salzt, und läßt die Soße einige Zeit verkochen.

Vorarlberg

Gemüsesuppe

5–10 dag (50–100 g) Butter
10–15 dag (100–150 g) Weizenvollkornmehl
1 Zwiebel
Petersiliengrün
1 - 1 1/2 kg verschiedenes Gemüse
(Möhren, Petersilie, Sellerie, Porree, grüne Erbsen, grüne Bohnen, Kraut, Kohl, Kohlrabi, Karfiol)
rote Paradeiser (Tomaten)
2–3 große Kartoffeln
Vollmeersalz
Majoran, Dill, Kümmel
1 Knoblauchzehe, gepreßt
Pfeffer

Das gewaschene, geputzte, nudelig geschnittene Gemüse wird in kochendes Wasser gegeben und weichgekocht. Inzwischen stellt man aus Butter, Weizenvollkornmehl, Zwiebel und Petersiliengrün eine Einbrenn her, gießt erst mit kaltem Wasser, dann mit Gemüsesud auf. Würzt mit Vollmeersalz und Pfeffer und läßt das Gemüse mit der gut verkochten Einbrenn noch einmal aufkochen.
Zum Schluß noch die gepreßte Knoblauchzehe unterrühren.

Grießstrudel

Strudelteig siehe Grundrezept
Fülle:
8–10 dag (80–100 g) Butter
2–3 Eier
35 dag (350 g) Weizenvollkorngrieß
etwas Rahm (süße Sahne)
15–20 dag (150–200 g) Topfen (Magerquark)
Vollmeersalz

Den Topfen durch ein Leinentuch drücken. Zu flaumig gerührter Butter kommen Eidotter, Grieß, Vollmeersalz, Rahm und Topfen. Dann läßt man das Ganze einige Zeit stehen, damit der Grieß aufquillt. Zuletzt wird der Schnee beigemengt. Der ausgezogene Strudelteig wird mit der Fülle bestrichen, eingerollt, mit einem bemehlten Kochlöffelstiel werden 5 cm lange Stücke abgedrückt, diese legt man in kochendes Salzwasser und läßt sie ca. 15 Minuten kochen. Man kann den Grießstrudel als Beilage geben, oder man bestreut ihn mit in Butter gerösteten Vollwertsemmelbröseln und gibt ihn als Hauptspeise – auch zu Gemüse.

Gerstelsuppe

12 dag (120 g) Gerste
4 dag (40 g) Bohnen
Petersilie
1 gelbe Rübe
1 Scheibe Sellerie

Gerste und Bohnen werden mit dem Einweichwasser zugestellt und halbweich gekocht. Dann gibt man kleinwürfelig geschnittenes Wurzelwerk (Sellerie, Petersilie) bei, kocht alles weich und würzt und verbessert mit Cenovis klarer Gemüsebrühe.

Original Hafenlaib

2 Tassen Weizenvollkornmehl
1/2 Tasse Grieß
Vollmeersalz
1 MS Backpulver
1 Ei
und etwas Milch

Diese Zutaten zu einem festen Teig verarbeiten. Teig dann in 3 gleiche Teile aufteilen und in Rollen formen (ca. 10 cm lang), die dann in kochendem Salzwasser zugedeckt ca. 1 1/2 Stunden langsam gekocht werden. Diese gekochten Rollen werden dann in feine Scheiben geschnitten. Gut zu Sauerkraut.

Germknödel

Germteig:
25 dag (250 g) Weizenvollkornmehl
1 dag (10 g) Germ (Hefe)
etwa 1/8 l Milch
1 Ei
1 Eidotter
2 dag (20 g) Honig
5 dag (50 g) Butter
Vollmeersalz
Zitronenschale
Dampfl:
1 dag (10 g) Germ (Hefe)
1 dag (10 g) Honig
1/16 l Milch
etwa 2 dag (20 g) Weizenvollkornmehl
10 dag (100 g) Powidl (Pflaumenmus)
Rum, Zimt
15 dag (150 g) Butter
zum Übergießen
1/8 l Mohn
Kokosflocken oder Mohn
zum Bestreuen

Erwärmtes Weizenvollkornmehl wird mit der Gärprobe (Dampfl), ferner einer Mischung aus lauwarmer Milch, Ei, Eidotter, Honig, geschmolzener Butter, Vollmeersalz und Zitronenschale zu einem Teig vermengt. Dieser wird sehr gut abgeschlagen, bis er sich vom Kochlöffel löst. Den Teig, der ziemlich fest gehalten sein muß, läßt man lauwarm aufgehen, zusammenstoßen und nochmals gehen lassen, dadurch wird der Teig feinporiger. Dann sticht man ihn mit einem Löffel in Form von Nockerl aus, drückt diese mit der bemehlten Hand auseinander, gibt den Powidl hinein und formt Knödel daraus, die man auf einem gemehlten Brett warm auf der zugedeckten Seite aufgehen läßt (ca. 1/2 Stunde). Dann legt man sie (nicht zuviel auf einmal, da sie sehr groß werden) mit der zugedeckten Seite nach unten auf ein befettetes Sieb, deckt diese mit einem Deckel zu und kocht sie über Dunst ungefähr 7 Minuten. Wenn man viele Knödel kochen muß und sie daher nicht auf einmal einlegen kann, so gibt man die bereits gekochten Knödel in eine Pfanne mit etwas zerlassener Butter und stellt sie ins offene Rohr oder über Dunst.
Zum Schluß bestreut man sie mit Mohn oder Kokosflocken und übergießt sie mit zerlassener Butter.
Unter den Powidl wird etwas Zimt und Rum gerührt.

Holzhackernockerln

50 dag (500 g) feines Weizenvollkornmehl
3 dag (30 g) Butter
1 Ei
1/4 l Milch, lauwarm
Vollmeersalz
Muskat
1 große Zwiebel
Pfeffer
25 dag (250 g) Reibkäse
Schnittlauch

Die lauwarme Milch mit dem Ei verquirlen und zum frisch gemahlenen Vollkornmehl geben. Ebenso etwas Vollmeersalz und eine gute Prise Muskat, zuletzt die zerlassene Butter beimengen und den Teig gut vermischen, ohne jedoch den Teig abzuschlagen. Den Teig auf das Nockerlbrett geben, mit einer Palette oder dem Messerrücken kleine Streifen abstreifen und in kochendes, leicht gesalzenes Wasser fallen lassen. Kurz aufkochen und gleich mit kaltem Wasser abschwemmen.
Zwiebel schälen, in kleine Würfel schneiden, diese in 2 Eßl. Butter goldgelb anrösten, die fertigen Mehlnockerln dazugeben, vermengen mit Vollmeersalz und Pfeffer würzen, mit Reibkäse vermengen, und anrichten. Dann noch mit reichlich kleingeschnittenem Schnittlauch bestreuen. Dazu paßt Krautsalat oder Kartoffelsalat.

Topfenteig für gefüllte Knödel

Zutaten a)
25 dag (250 g) Streichtopfen (Magerquark)
10 dag (100 g) Weizenvollkornmehl
Vollmeersalz

Die Zutaten werden gut verarbeitet, eine Rolle geformt, in gleichmäßige Stücke geteilt und in diese Marillen, Kirschen, Zwetschgen oder anderes eingefüllt.

Zutaten b)
25 dag (250 g) Streichtopfen (Magerquark)
2 Eßl. Vollkornsemmelbrösel
2 Eßl. kaltgepreßtes Öl
2 Eßl. Vollwertgrieß

Die Zutaten werden locker und gleichmäßig verarbeitet, zu einer Rolle geformt, in gleichmäßige Stücke geschnitten und mit Kirschen, Marillen oder Zwetschgen gefüllt. In kochendem Salzwasser ca. 20 Minuten ziehen lassen.

c) Sehr gut kann man auch aus diesem Topfenteig Topfenknödel ohne Fülle zubereiten, die dann mit Bröseln bestreut werden.

Gebackener Käse

4 Stück Camembert
20 dag (200 g) Tilsiter
10 dag (100 g) Weizenvollkornmehl
2 Eier
10 dag (100 g) Vollkornbrösel
etwas Butter zum Backen

Jedes Stück Camembert in 2 Hälften, den Tilsiter in ähnliche Stück schneiden, durch Weizenvollkornmehl, Eier und Vollkornbrösel ziehen. Die Butter auf ca. 170 Grad erhitzen und die Käsestückchen darin rasch goldgelb backen.
Dazu paßt: Sauce Tartare

Kräuter–Käsesoufflé

1 l Milch
5 Eier, getrennt
6 dag (60 g) Weizenvollkornmehl
18 dag (180 g) geriebener Hartkäse
Brecht's Kräutersalz und Delikata
3 Eßl. gemischte Kräuter
(Majoran, Dill, Kerbel, Schnittlauch, Selleriegrün und zerdrückte Korianderkörner)
3 dag (30 g) Butter zum Ausfetten der Auflaufform

Milch, Vollkornmehl und Eidotter zu einem glatten Teig verarbeiten, Kräuter und Käse beigeben und leicht mit Kräutersalz und Delikata würzen. Zuletzt den steif geschlagenen Eischnee untermengen. Die Kräuter–Käsemasse in die ausgefettete Auflaufform geben und bei 175 Grad backen.

Käsekrapfen

knappp 3/8 l Wasser
3,5 dag (35 g) Butter
9 dag (90 g) Weizenvollkornmehl
2 kleine Eier
5 dag (50 g) geriebener Käse
etwas Paprika, edelsüß
kaltgeschlagenes Sonnenblumenöl zum Fritieren

Wasser mit der Butter aufkochen, Weizenvollkornmehl auf einmal hineingeben und rühren, bis ein Teigkloß entsteht. Topf vom Herd nehmen, Eier einzeln in den Teig rühren. Käse und Paprikapulver hineingeben. Öl im Fritiertopf auf 180 Grad erhitzen. (Wenn ein Stück Weißbrot in einer Minute braun wird, ist das Öl heiß genug).
Zwei Teelöffel jeweils ins Öl tauchen, aus dem Käseteig kleine Bälle formen. Ins heiße Öl gleiten lassen und goldgelb ausbacken. Nur sechs Bällchen auf einmal ausbacken, sonst kühlt das Öl zu sehr ab. Krapfen frisch servieren.

Einfaches Salzgebäck

1/4 kg Weizenvollkornmehl
1 dag (10 g) Germ (Hefe)
Vollmeersalz
Kümmel
1/8 – 1/4 l Wasser
Fett für das Blech

Man knetet einen Germteig, formt kleine Weckerl, die man aufgehen läßt. Sie werden dann mit Wasser bestrichen, mit Vollmeersalz und Kümmel bestreut. Bei ca. 200 Grad ungefähr 20 Minuten backen.

Leinsamenpudding

3/4 l frische Milch
8 Eßl. feingemahlenen Leinsamen
2 Bananen
3 Äpfel
Saft einer ausgepreßten Zitrone
1–2 Eßl. Honig
2 Eßl. kleingehackte Haselnüsse

Milch aufkochen, Leinsamen einrühren und kurz köcheln lassen. Bananen mit Honig und Zitronensaft zerdrücken, dann den grobgeraspelten Apfel sowie die Haselnüsse beigeben. Das Früchtemus mit dem erkalteten Leinsamenbrei vermengen und portionieren. Mit Apfelspalten und ganzen Haselnüssen garnieren.

Feiner Reiskuchen

2 Eßl. Butter
1/4 l Wasser
1/2 Tl. Vollmeersalz
14 dag (140 g) Vollwertreis
3/4 l Milch
1 Eßl. Honig
3 Eier
Butter für die Form
Kirschenmarmelade
10 dag (100 g) blättrige Mandeln

Butter in einem Topf erhitzen. Wasser, Vollmeersalz und Vollwertreis zugeben, aufkochen. Im geschlossenen Topf bei schwacher Hitze 20 Minuten kochen. Milch einrühren. Noch 30 – 40 Minuten bei schwacher Hitze im geschlossenen Topf weiterkochen, ab und zu umrühren. Brei mit Honig süßen. Eier verquirlen und einrühren. Masse in eine gefettete, feuerfeste Form füllen. 15 Minuten im vorgeheizten Ofen auf der mittleren Schiene überbacken. Form aus dem Ofen nehmen, mit blättrigen Mandeln, Kirschenmarmelade bestreuen. Weitere 20 – 30 Minuten backen.

Reis(Grieß–)auflauf

1/2 l Milch
12 dag (120 g) Reis (Grieß)
4 dag (40 g) Butter
5 dag (50 g) Honig
1–2 Eier
Zitronenschale
1 Prise Vollmeersalz
Vanillegewürz
Vollkornsemmelbrösel

In die kochende Milch gibt man Vollmeersalz, Vanille, Zitronenschale und Honig, dann läßt man den Reis(-Grieß) einlaufen und unter beständigem Rühren dick einkochen. Man formt aus dieser Masse auf einem nassen Brett eine Rolle, läßt diese auskühlen und schneidet davon Schnitten.
Diese werden in Ei und Vollkornsemmelbrösel gedreht und auf beiden Seiten goldgelb gebacken und mit Zimt und etwas verflüssigtem Honig bestreut und zu Tisch gebracht.

Scheiterhaufen

4 Vollkornsemmeln
1/2 kg Äpfel
Milch oder Most
1 Ei
Weinbeeren
Zitronenschale
Zimt
8 dag (80 g) Honig
3 dag (30 g) Butter

Milch, Ei und etwas Honig werden versprudelt und ein Teil davon über die blättrig geschnittenen Vollkornsemmeln gegossen. Die mit Butter ausgestrichene Form wird lagenweise mit den erweichten Semmelscheiben und den blättrig geschnittenen, mit Honig, Zitronenschale, Weinbeeren und Zimt vermischten Äpfeln gefüllt und mit Semmeln abgeschlossen. Das Ganze wird mit der übrigen Eiermilch übergossen und im Rohr 30 Minuten bei 180 Grad goldgelb gebacken.

Bettelmann

30 dag (300 g) Vollkornsemmelbrösel
1 kg Äpfel
10 dag (100 g) Honig
5 dag (50 g) Weinbeeren
1 MS Zimt
1 Zitronenschale
10–15 dag (100–150 g) Butter
gut 1/8 l Wein,
Wasser oder Most

Die geriebenen Vollkornsemmelbrösel werden mit Wein, Wasser oder Most befeuchtet und mit Zimt, Zitronenschale und etwas Honig vermischt. Die Äpfel werden geschält, feingeschnitten und mit Honig gesüßt. Dann gibt man in eine gefettete Form eine Lage Brösel, dann die Äpfel, streut die Weinbeeren darauf, bedeckt das Ganze mit Bröseln und einer zweiten Lage, gibt Butterstückchen darauf und bäckt die Speise 45–60 Minuten bei 180 Grad.

Gedrehte Buchteln

50 dag (500 g) Weizenvollkornmehl
3 dag (30 g) Germ (Hefe)
5 Eßl. Honig
1/4 l Milch, lauwarm
4 dag (40 g) Butter
2 Eier
1 Tl. Vollmeersalz
1/2 abgeriebene Zitronenschale
8 dag (80 g) Rosinen
15 dag (150 g) zerlassene Butter
12 dag (120 g) grob gehackte Walnußkerne

Das frischgemahlene Weizenvollkornmehl in eine Schüssel geben, eine Mulde eindrücken. Germ einbröseln und mit etwas lauwarmer Milch ein Dampfl bereiten. Zugedeckt 15 Minuten ruhen lassen. Nun Butter, Honig, Eier, Vollmeersalz, abgeriebene Zitronenschale und die Rosinen beigeben und zu einem Teig kneten. 20 Minuten gehen lassen. Den Teig in 50 g-Stücke aufteilen, ausrollen. In ca. 20 cm lange und ca. 8 cm breite Stücke schneiden, mit zerlassener Butter bestreichen und mit Walnußkernen bestreuen. Der Länge nach zusammenklappen. Von der Schmalseite her aufrollen. Eine Springform gut mit zerlassener Butter ausstreichen und die gedrehten Buchteln in die Form setzen. Zugedeckt etwa 15 Minuten gehen lassen. Die Buchteln mit der restlichen Butter bestreichen und im vorgeheizten Rohr bei 200 Grad etwa eine 3/4 Stunde backen.
Am besten gleich heiß servieren. Gut paßt eine Vanillesoße dazu.

Gebackene Mäuse

20 dag (200 g) Weizenvollkornmehl
3 dag (30 g) Butter
4 dag (40 g) Honig
1–2 Eidotter
Vollmeersalz
1–2 dag (10–20 g) Germ (Hefe)
1/16 l Milch
1 Eßl. Rum
2 dag (20 g) Weinbeeren
Fett zum Backen

Das Weizenvollkornmehl mit der zerlassenen Butter, 1 – 2 Eidotter, Honig, Vollmeersalz und Milch und der Gärprobe (Dampfl) zu einem ziemlich weichen Teig verarbeiten; darunter vermengt man die Weinbeeren, den Rum und läßt ihn gut aufgehen. Dann sticht man mit einem Löffel (der in heißes Fett getaucht wurde) Nockerl aus und bäckt sie in heißem Fett schön braun.

Topfenrolle

Biskuit:
3 Eier
8 dag (80 g) Honig
15 dag (150 g) Weizenvollkornmehl
6 Eßl. Wasser
Fülle:
40 dag (400 g) Streichtopfen (Magerquark)
20 dag (200 g) Butter
10 dag (100 g) Honig
4 Scheiben Ananas
4 halbe Pfirsiche
Zitronensaft
0,2 l Schlagobers (süße Sahne)
ca. 1/8 l Saft von Ananas und Pfirsich

Aus den Eiern, Honig und Weizenvollkornmehl sowie den 6 Eßl. Wasser wird ein Biskuitteig nach üblicher Art bereitet. Der Teig wird auf ein mit Papier ausgelegtes Blech gestrichen und bei 200 Grad auf der Mittelschiene gebacken.
Fülle: Butter wird mit dem Honig abgetrieben, mit Streichtopfen vermischt. In die Masse werden der Ananas–Pfirsichsaft, der Zitronensaft eingemischt. Zuletzt wird das steifgeschlagene Schlagobers daruntergezogen. Mit der Hälfte dieser Masse wird die Rolle gefüllt, dazu kommen noch die geschnittenen Ananas und Pfirsiche. Die Rolle wird zusammengerollt und kalt gestellt. Etwas später bestreicht man die Rolle mit der übriggebliebenen Fülle und verziert sie nach Belieben.

Mandelschmarren

4 altbackene Vollkornsemmeln
3/8 l Milch
12,5 dag (125 g) Mandeln
2 Eier
2 Eigelb
1 Prise Vollmeersalz
1,5 dag (15 g) Honig
1/4 l Rahm (süße Sahne)
etwa 8 dag (80 g) Butter zum Braten
Zum Bestreuen:
fein abgeriebene Schale
einer unbehandelten Zitrone
4 dag (40 g) Honig

Die Vollkornsemmeln abreiben, in grobe Stücke teilen, mit der Milch begießen und weich werden lassen. Evtl. dabei einmal wenden. Die Mandeln 1 Minute in kochendes Wasser geben, kalt abschrecken und pellen. Die eine Hälfte durch die Mandelmühle drehen, die andere in Stifte schneiden und dann beides in einer Pfanne ohne Fett goldbraun rösten.
Eier, Eigelb, Vollmeersalz und Honig mit den Quirlen des Handrührers gut verrühren, den Rahm, die Mandeln und die eingeweichten Brötchen zugeben und verrühren.
Etwa ein Viertel der Butter in eine Pfanne geben, ein Viertel des Teiges einfüllen und goldbraun backen, mit zwei Gabeln in Stücke reißen und dabei wenden. Die andere Seite ebenfalls goldbraun backen. Warm stellen und den Rest der Masse auf die gleiche Weise backen. Den Mandelschmarren noch heiß mit Zitronenhonig bestreuen und servieren.

Wien

Die Hauptstadt Wien der Bundesrepublik Österreich ist darüberhinaus für sich allein ein eigenes Bundesland und gleichzeitig die Hauptstadt des Bundeslandes Niederösterreich.
Wien liegt am Fuße des Wienerwaldes, dieser ist der nordöstlichste Ausläufer der Alpen. Wien liegt aber auch an der hier bis zu 285 m breiten Donau, die hier in das Wiener Bekken tritt.
Wien liegt am Schnittpunkt von Ost und West, von Nord und Süd, es ist das meist industriealisierte Bundesland, aber auch der politische, geistige und kulturelle Mittelpunkt der Alpenrepublik.

Sachertorte "Spezial"

Text zum Bild

200 g (20 dag) Butter
75 g (7,5 dag) Honig
10 Eidotter
10 Eiweiß
75 g (7,5 dag) Honig
170 g (17 dag) Vollkornsemmelbrösel
80 g (8 dag) Kakao
200 g (20 dag) kaltgerührte Marillenmarmelade

Glasur 1:
100 g (10 dag) Bitter–Schokolade
75 g (7,5 dag) Honig
1/8 l Wasser

Glasur 2:
250 g (25 dag) Plattenfett (Palmin)
2 Eier
100 g (10 dag) Honig
3 El Kakao

Butter, Honig, Eigelb schaumig rühren. Dann die Vollkornsemmelbrösel und den Kakao dazugeben. Das Eiweiß mit dem Honig zu sehr steifem Schnee schlagen. Vorsichtig unter den Teig heben.
Den Teig in eine gefettete Springform füllen und bei 200 Grad ca. 20 – 30 Minuten auf der Mittelschiene backen.
Auf einem Kuchengitter auskühlen lassen und 1mal in der Mitte durchschneiden. Mit der Marmelade bestreichen. Den Boden wieder aufsetzen. Von außen den Kuchen auch mit der Marmelade einstreichen.

Glasur 1: Die Zutaten in einen Topf geben und unter ständigem Rühren kochen. Etwas abkühlen lassen und dann die Torte damit glasieren.

Glasur 2: Das Plattenfett schmelzen und abkühlen lassen. Die Eier mit dem Honig zu einer sehr cremigen Masse rühren. Den Kakao einrühren. Zum Schluß das Plattenfett dazugeben und die Torte damit bestreichen.

Kaffee

Text zum Bild

Böhmische Dalken

1/2 l Milch
25 dag (250 g) Weizenvollkornmehl
10 dag (100 g) Honig
1–2 Eidotter
Vollmeersalz
Klar von 1–2 Eiern
1 Tl. Backpulver
1 Tl. Rum
Fett zum Backen
Powidl (Pflaumenmus)
Kokosflocken zum Bestreuen

Die Milch wird mit dem Weizenvollkornmehl gut verquirlt, dann mit Eidotter, Honig, Vollmeersalz, dem Schnee von Eiklar, Backpulver und Rum verrührt. In den Vertiefungen einer Dalkenform läßt man etwas Fett heiß werden, gibt je einen Eßlöffel Teig hinein und backt die Dalken beiderseits. Dann setzt man sie jeweils mit Powidl bestrichen zusammen. Sie können mit Kokosflocken bestreut werden.
Sie sollten sehr heiß serviert werden.

Germguglhupf I.

1/2 kg Weizenvollkornmehl
2 dag (20 g) Germ (Hefe)
2 Eidotter
10 dag (100 g) Butter
10 dag (100 g) Honig
etwas Vollmeersalz
Milch
Zitronenschale
allenfalls einige Weinbeeren

Aus den Zutaten bereitet man einen Germteig, in den man Weinbeerln vermischt. Man gibt ihn in eine gefettete, bemehlte Guglhupfform, läßt ihn aufgehen und bäckt ihn 30–40 Minuten bei 170–190 Grad.

Germguglhupf II.

35 dag (350 g) Weizenvollkornmehl
10 dag (100 g) Butter
8 dag (80 g) Honig
1 1/2 dag (15 g) Germ (Hefe)
Vollmeersalz
3 Eidotter
Milch

Aus den Zutaten macht man einen Germteig, den man aufgehen läßt, in eine gut gefettete, mit Bröseln ausgestreute Guglhupfform gibt, wieder aufgehen läßt und bei 180 Grad 30–40 Minuten bäckt.
Vor dem Backen legt man die Form am Boden mit halben Mandeln aus.

Chicorée – Salat "Alt Wien"

4 Chicorée Stauden
10 dag (100 g) Walnußkerne
1 mittelgroße Zwiebel
3 Eßl. kaltgepreßtes Öl
3 Eßl. Obstessig
1 Eßl. Wasser
Vollmeersalz, weißer Pfeffer
1 Eßl. gehackte Petersilie,
Zitronenmelisse u. wenig Kerbel

Chicoréestauden putzen und waschen, längs halbiert in 2 cm lange Stücke schneiden. Walnußkerne grob hacken, Zwiebel in feine Würfel schneiden. Aus den restlichen Zutaten eine Marinade herstellen und mit den Salatzutaten vermengen.

Bohnensalat "Wiener Art"

1 1/2 l Wasser
25 dag (250 g) weiße Bohnen, getrocknet
Obstessig
kaltgepreßtes Öl
Vollmeersalz
Pfeffer
2 Zwiebeln

Die Bohnen werden am Vortag eingeweicht und dann in diesem ungesalzenen Einweichwasser auf das Feuer gestellt und weichgekocht.
Man gießt das Kochwasser ab, vermischt sie noch warm mit Obstessig, Öl und Vollmeersalz, pfeffert sie und bestreut sie mit feingeschnittenen Zwiebeln.
Wer es liebt, kann Knoblauch beifügen.
Der fertige Bohnensalat soll mindestens 2 Stunden vor dem Anrichten zubereitet werden.

Karfiolsuppe

1 große Rose Karfiol (Blumenkohl)
Einmach: 8 dag (80 g) Butter
10 dag (100 g) Weizenvollkornmehl
2 1/2 l Wasser
Vollmeersalz
2 Vollkornsemmeln

Der Karfiol wird in Salzwasser nicht allzu weich gekocht und dann in kleine Röschen geteilt. Ein Teil der Röschen und der Strunk wird im Mixer püriert. Butter im Topf zerlassen, das Weizenvollkornmehl dazugeben und verrühren. Nun kommt der passierte Karfiol mit dem Karfiolwasser hinein. Alles wird gesalzen, gut verkocht, dann werden die restlichen Kohlröschen hinzugefügt. Zur Abrundung gibt man einen Cenovis Klaren Gemüsebrühwürfel dazu. Die Vollkornsemmeln kann man in Scheiben schneiden, leicht in etwas Butter anrösten und in die Suppe geben.

Kaisersuppe

50 dag (500 g) frische Champignons
1 kleine Stange Lauch
1 rote Paprikaschote
1 1/2 Eßl. Butter
2 Eßl. Weizenvollkornmehl
1 1/4 l Cenovis
Klare Gemüsebrühe
Vollmeersalz
weißer Pfeffer
3 Eßl. Madeira
1 Eigelb
8 Eßl. Schlagrahm (süße Sahne)
3 Eßl. gehackte Petersilie

Champignons, wenn nötig, abbrausen, putzen und in Scheiben schneiden. Lauch putzen, in dünne Scheiben schneiden und gut abspülen. Paprika aushöhlen, waschen, in dünne Ringe schneiden oder hacken. Mit 2–3 Eßl. Wasser das Gemüse bei geschlossenem Deckel andünsten, die Butter in das Gemüse geben, zergehen lassen. Mit dem Weizenvollkornmehl bestäuben. Cenovis Klare Gemüsebrühe nach und nach unter Rühren angießen.
Etwa 15 Minuten kochen lassen, Suppe mit Gewürzen und Wein abschmecken. Eigelb und Schlagrahm in der Suppenschüssel verquirlen, heiße Suppe unter Rühren hineingießen, mit Petersilie bestreut servieren.
Dazu paßt: Käsegebäck.

Wiener Spinat

1 kg Spinat, roh
4 dag (40 g) Butter
1 kleine Zwiebel, feingeschnitten
3 dag (30 g) Weizenvollkornmehl
Petersilie
Vollmeersalz
Pfeffer
Muskat
1 Knoblauchzehe
etwas Milch oder
klare Gemüsebrühe

In heißer Butter wird die feingehackte Zwiebel leicht geröstet, mit Weizenvollkornmehl bestäubt und durchgeröstet. Gehackte Petersilie beigegeben, mit Milch oder Cenovis klarer Gemüsebrühe aufgießen, zu kurzer, dicklicher Soße verkochen, mit Vollmeersalz, Pfeffer, Muskat und zerdrückter Knoblauchzehe würzen.
Den vorbehandelten, passierten Spinat beigeben und alles durchkochen.
Der Spinat muß in sehr reichlich Wasser gut gewaschen werden, wobei das Wasser mehrfach gewechselt werden muß. Man gibt ihn in wenig kochendes Salzwasser, worin er so lange blanchiert wird, bis sich die Stiele weich anfühlen. Dann läßt man ihn gut abtropfen und passiert ihn durch.

Kohl auf Wiener Art

80 dag (800 g) Kohl (Wirsing)
Salzwasser
5 dag (50 g) Butter
4 dag (40 g) Weizenvollkornmehl
1 kleine Zwiebel
1 Knoblauchzehe
Petersilie
1/2 l Cenovis klare Gemüsebrühe
Vollmeersalz
Pfeffer
Majoran

Den in grobe Streifen geschnittenen Kohl in Salzwasser blanchieren, mit kaltem Wasser ablöschen, in heißer Butter Weizenvollkornmehl rösten, feingeschnittene Zwiebel mitrösten, zerdrückte Knoblauchzehe und Petersilie beigeben. Mit Cenovis klarer Gemüsebrühe aufgießen und gut verkochen lassen. Den blanchierten Kohl damit binden, würzen und noch ca. 10 Minuten weiterkochen. Eventuell noch Gemüsebrühe aufgießen.

Eingebrannte Bohnen

30 dag (300 g) Bohnen
Kuttelkraut (Thymian)
Suppengrün
1 Lorbeerblatt
1 feingeschnittene Zwiebel
2 dag (20 g) Fett
2 dag (20 g) Weizenvollkornmehl
Pfeffer
Vollmeersalz
Knoblauch
Petersiliengrün
Obstessig

Die am Vortag eingeweichten Bohnen mit dem Einweichwasser kochen, dabei Kuttelkraut, Suppengrün und Lorbeerblatt hinzugeben und weichkochen. In Fett die feingeschnittenen Zwiebel anrösten, mit Vollkornmehl abstauben und mit Obstessig löschen und mit dem Bohnensud aufgießen, gut verkochen, die weichen Bohnen beigeben und alles noch ca. 1/4 Stunde verkochen. Mit Pfeffer, Vollmeersalz, zerdrücktem Knoblauch und gehackter Petersilie würzen.

Kürbiskraut

1/2 Kürbis (ca. 1–1,5 kg)
Vollmeersalz
4 dag (40 g) Butter
3,5 dag (35 g) Weizenvollkornmehl
1/2 dag (5 g) Zwiebeln
1 Büschel Dillkraut
Petersiliengrün
1/16 l saurer Rahm
1 Tl. Paprika
Wasser
Obstessig

Der Kürbis wird geschält, geviertelt, nach der Entfernung des Kerngehäuses feinnudelig geschnitten, eingesalzen und 1 Stunde stehengelassen. In eine helle, sehr dicke Einmach aus Butter, Zwiebeln, Vollkornmehl, feingehacktem Petersiliengrün, Dillkraut und Paprika gibt man das Kraut, Vollmeersalz und etwas Obstessig, läßt das Ganze 1/2 Stunde dünsten und gibt sauren Rahm hinzu.

Böhmische Nudelspeise

25 dag (250 g) Vollkornnudeln
5 dag (50 g) Butter
8 dag (80 g) Honig
30 dag (300 g) Topfen (Magerquark)
8 dag (80 g) Rosinen
etwas abgeriebene Zitronenschale
Prise Vollmeersalz
2 Eigelb
2 Eiweiß

Die kleingebrochenen Vollkornnudeln müssen in Salzwasser weichkochen, abtropfen und kurz mit kaltem Wasser abgeschreckt werden.
Die Butter wird mit Honig und Eigelb schaumig gerührt, Topfen, Rosinen und Nudeln kommen dazu, werden mit Zitronenschale und Prise Vollmeersalz gewürzt und mit steifem Eiweißschnee durchzogen. In gut gebutterter Form muß die Speise etwa 40 Minuten bei 180 Grad backen.

Böhmische Apfelknödel

1 kg Äpfel
20 dag (200 g) Honig
1/2 l Milch
1 Eßl. Weißwein
1 Ei
Vollkornmehl nach Bedarf
gebräunte Butter
Zimt

Die Äpfel müssen mürbes Fleisch haben, sie werden geschält, würfelig geschnitten, mit dem Honig vermischt und mit dem Weißwein beträufelt, dann werden sie zum Durchziehen eine Stunde zugedeckt beiseite gestellt. Danach gießt man die Milch daran und rührt unter kräftigem Schlagen soviel Weizenvollkornmehl dazu, daß ein ziemlich fester Kloßteig entsteht. Erst wenn sich der Teig von dem Boden der Rührschüssel löst, gibt man das Ei daran. Von dem Teig werden längliche Klöße in kochendes Salzwasser gestochen und darin verdeckt gekocht, bis sie gar sind und oben schwimmen.
Die mit der Schaumkelle herausgenommenen Apfelknödel richtet man nebeneinander auf heißer Platte an, reißt jeden Kloß in der Mitte etwas auf, bestreut sie mit Zimt und etwas flüssigem Honig und begießt sie mit gebräunter Butter.

Böhmische Knödel

2 würfelig geschnittene Vollkornsemmeln
25 dag (250 g) Weizenvollkornmehl
1/4 l Milch
1 Ei
Vollmeersalz

Die Semmelwürfel im Rohr rösten, aus Weizenvollkornmehl, Vollmeersalz, Ei und Milch einen Nockerlteig bereiten, die Semmelwürfel hinzugeben, anziehen lassen und aus der Masse mit dem Schöpflöffel Knödel ausstechen, rund formen und in Salzwasser 20 Minuten kochen.

Karlsbader Kartoffelküchle

50 dag (500 g) gekochte Erdäpfel (Kartoffeln)
25 dag (250 g) Topfen (Magerquark)
2 Eier
1 Eßl. Honig
Vollmeersalz
1 Handvoll gut gewaschene Sultaninen
10 dag (100 g) Weizenvollkornmehl

Am Vortag in der Schale gegarte Erdäpfel pellen und durch die Erdäpfelpresse treiben. Den durch ein Leinentuch gut ausgedrückten Topfen durch ein Sieb streichen. Ganze Eier, Honig, 1 Prise Vollmeersalz, Sultaninen und Weizenvollkornmehl dazugeben. Mit einem Eßlöffel Nockerl abstechen und in heißem Fett schwimmend goldgelb ausbacken.

Grenadiermarsch

1/2 kg Kartoffeln, gekocht
15–20 dag (150–200 g) gekochte Vollkornfleckerl, Hörnchen oder Bandnudeln
2 Eßl. Butter oder Diäsan
1 feingeschn. Zwiebel
Vollmeersalz
Pfeffer
gehackte Petersilie

Die feingeschnittene Zwiebel wird in heißem Fett goldgelb geröstet, die blättrig geschnittenen Kartoffeln mitgeröstet. Würzen, zum Schluß die Teigwaren beigeben. Alles gut vermischen und im heißen Rohr etwas ziehen lassen.
Man kann auch übriggebliebene Knödel dazu verwenden.

Zwiebelnockerl

siehe Grundrezept Nockerlteig
8 dag (80 g) Butter
2 mittelgr. Zwiebeln
1 Tl. Vollmeersalz
1 Knoblauchzehe
Käse zum Bestreuen

Das Fett heiß werden lassen, die in Scheiben geschnittenen Zwiebeln u. die zerdrückte Knoblauchzehe darin hellbraun rösten, die abgetropften Nockerl dazugeben, salzen, durchschwenken bis sie heiß sind, und mit Käse bestreuen oder aber kurz überbacken.

Apfelspalten (gebacken)

Tropfteig siehe Grundrezept
80 dag (800 g) Äpfel
12 dag (120 g) Diäsan
oder Butter
Zimt, Zitrone
3 dag (30 g) Kokosflocken

Säuerliche, große Äpfel werden geschält und vom Kerngehäuse befreit, dann in 1/2 cm dicke Scheiben geschnitten, mit etwas Zitronensaft beträufelt und mit etwas Zimt bestäubt. Diese Scheiben werden dann in Tropfteig getaucht und in heißem Fett ausgebacken. Man legt die gebackenen Scheiben auf Haushaltspapier und läßt sie abtropfen. Dann werden sie mit Kokosflocken bestreut.
Diese Mehlspeise muß sehr heiß zu Tisch gegeben werden.

Böhmische Fastenspeise

50 dag (500 g) trockenes
Weizenvollkornbrot
1/2 l Milch
8 dag (80 g) Honig
4 Eier
25 dag (250 g) Weizenvollkornmehl
1 Prise Vollmeersalz
etwas abgeriebene Zitronenschale
30 dag (300 g) Preiselbeeren
1 Eiweiß und 1 Eßl. Honig

Das trockene altbackene Weizenvollkornbrot schneidet man in Würfel, die man in eine dick mit Butter ausgestrichene Backform schüttet. Das Weizenvollkornmehl rührt man mit der Milch an, gibt etwas Honig, etwas Vollmeersalz, abgeriebene Zitronenschale und das Eigelb daran und zieht zuletzt den steifen Schnee der Eiweiße unter. Mit diesem Teig werden die Semmelstückchen bedeckt und im mäßig warmen Ofen, 180 Grad, 40–45 Minuten gebacken.
Die Preiselbeeren werden mit Honig heißgerührt. Mit dem steifen Schnee von 1 Eiweiß durchzogen in eine Schüssel gefüllt. Man gibt sie zu der in der Form aufgetragenen Fastenspeise.

Käse–Cocktail

1 Päckchen Frischrahmkäse mit Kräutern
4 Eßl. saurer Rahm
1 Glas Kirschwasser
eventl. Vollmeersalz
weißer Pfeffer
2 frische Mandarinen
25 dag (250 g) blaue oder grüne Weintrauben
15 dag (150 g) Emmentaler Käse
Kresse

Frischrahmkäse mit Rahm und Kirschwasser cremig rühren. Mit Vollmeersalz und Pfeffer abschmecken. Eventuell etwas Milch dazurühren. Mandarinen schälen, Trauben waschen und abtropfen lassen, halbieren und entkernen.
Emmentaler in gleichmäßige Stifte schneiden, alles vorsichtig mischen. In Cocktailgläser verteilen, darauf die Soße gießen und mit Kresse garnieren.

Topfenkrenkäse

8 dag (80 g) Butter
25 dag (250 g) Streichtopfen
(10%iger Quark)
ca. 1/8 l Rahm (süße Sahne)
1 Eidotter
4 Eßl. geriebener Kren (Meerrettich)
Pfeffer
Vollmeersalz
Schnittlauch

Butter schaumig rühren, Streichtopfen und Rahm dazugeben und gut verrühren. Mit Kren, passiertem Eidotter, Vollmeersalz und Pfeffer abschmecken, mit Schnittlauch verzieren.

Apfelkren

3 mittelgroße Äpfel
Zitronensaft
2 – 3 Eßl. feingeriebenen Kren (Meerrettich)
Vollmeersalz,
1 – 2 Eßl. Oel
Honig

Die geschälten, rohen Äpfel werden gerieben, mit Zitronensaft beträufelt, mit dem Kren sowie 1 – 2 Eßl. Öl gut verrührt und mit Vollmeersalz und Honig gewürzt.

Semmelkren

4 Vollkornsemmeln
ca. 3/8 l Gemüsebrühe
1 Tl. Honig
Vollmeersalz, Pfeffer
Muskat,
Zitronensaft nach Geschmack
1 dag (10 g) Butter
8 dag (80 g) geriebener Kren (Meerrettich)
2 Eßl. Obers (süße Sahne) oder Milch
2 Eidotter

Die entrindeten Semmeln in dünne Scheiben schneiden, mit kochender Gemüsebrühe übergießen, mit einem Schneebesen zu Brei schlagen, mit etwas Honig, Pfeffer, Muskat, Vollmeersalz und evtl. dem Zitronensaft abschmecken, etwas frische Butter dazurühren, die zwei Dotter und zum Schluß den geriebenen Kren beigeben und kurz verkochen. Man kann den Semmelkren nach Wunsch mit etwas Milch oder Obers legieren. Besonders fein wird dieser Semmelkren, wenn man die entrindeten und in Suppe aufgeweichten Vollkornsemmeln passiert und dann erst weiterbearbeitet.

Alt–Wiener–Apfelstrudel

Strudelteig siehe Grundrezept.
Fülle:
1 1/2 kg feste Äpfel
4 dag (40 g) Butter
8 dag (80 g) Vollkornsemmelbrösel
ca. 5 dag (50 g) Honig
1/4 l Obers (süße Sahne)
Zimt
6 dag (60 g) Rosinen
6 dag (60 g) Walnüsse, gehackt
8 dag (80 g) Butter

Für den Apfelstrudel sind grüne Äpfel geeignet. Bei stark säuerlichen Äpfeln muß man etwas mehr Honig nehmen. 2/3 des ganz dünn ausgezogenen Strudelteiges werden mit den in Butter hellbraun gerösteten Semmelbröseln, mit den blättrig geschnittenen Äpfeln, Honig, Zimt und Rosinen, Nüssen belegt. Man beträufelt das freigelassene Drittel mit zerl. Butter. Über den mit den Äpfeln belegten Teil gibt man 1/4 l leichtgeschlagenes Obers, welches man glatt verstreicht. Man rollt den Strudel gegen die freie Teigseite ein und legt ihn mit der Teignaht nach unten auf das mit Butter bestrichene Backblech. Man bestreicht ihn mit zerlassener Butter. Während des Backens wird der Strudel noch mindestens 3mal mit Butter bepinselt.
Backdauer 30–35 Minuten bei 180 Grad.

Mizzi's – Rührkuchen

15 dag (150 g) getrocknete, steinlose Pflaumen
10 dag (100 g) getrocknete Marillen (Aprikosen)
5 dag (50 g) Rosinen
10 dag (100 g) Walnußkerne
30 dag (300 g) Butter
20 dag (200 g) Honig
1 abgeriebene Zitrone
3 MS Vanillegewürz
3 MS Zimt
6 Eier
35 dag (350 g) Weizenvollkornmehl
2 Teel. Weinsteinbackpulver

Die Pflaumen und Marillen kleinschneiden, mit den Rosinen sowie den grobgehackten Walnußkernen und 2 Eßl. Weizenvollkornmehl vermengen. Die weiche Butter mit Honig, Zitronenschale, Vanillegewürz, Zimt schaumig rühren. Nacheinander die Eier und mit jedem Ei einen schwach gehäuften Eßl. Vollkornmehl unterrühren. Nun das restliche Vollkornmehl mit dem Backpulver vermengen, unter den Teig mischen. Zuletzt das Trockenfrüchtegemisch unterziehen. Den Teig in eine gut ausgefettete Kastenform füllen und glattstreichen.
Im vorgeheizten Backrohr bei 175 Grad 60–70 Minuten backen.

Topfenkipferl

10 dag (100 g) Butter
10 dag (100 g) Weizenvollkornmehl
10 dag (100 g) durch ein Leinentuch gedrückter Topfen (Magerquark)
10 dag (100 g) kaltgeschlagene Marmelade

Aus der angegebenen Masse wird ein Teig gearbeitet. Der Teig wird mehrmals ausgerollt und immer wieder zusammengeschlagen. Zum Schluß rollt man ihn aus, schneidet in Quadrate, füllt diese mit Marmelade, schlägt die Quadrate zusammen und backt die Kipferl bei 160 Grad ca. 20 Minuten.

Preßburger Nußbeugel

eine Spezialität aus Alt–Österreich

Für den Teig:
30 dag (300 g) Weizenvollkornmehl
3 dag (30 g) Germ (Hefe)
10 dag (100 g) Butter
3 Eßl. Honig
4 Eßl. Milch, lauwarm
1 Eidotter
1 Prise Vollmeersalz
1 abgeriebene Zitronenschale

Für die Nußfüllung:
20 dag (200 g) geriebene Haselnüsse
10 dag (100 g) Honig
1 Eßl. Rum
1/2 abgeriebene Zitronenschale
2 MS Vanillegewürz
1/8 l Milch
3 Eßl. Vollkornbrösel

Das frischgemahlene Vollkornmehl in eine Schüssel geben, Mulde eindrücken, die mit Milch aufgelöste Germ und die restlichen Teigzutaten beigeben und zu einem mittelfesten, glatten Teig kneten. Den Teig zugedeckt etwa eine halbe Stunde ruhen lassen. Milch aufkochen, die geriebenen Haselnüsse einrühren. Mit Rum, Vanillegewürz, Zitronenschale und Honig abschmecken. Nun die Vollkornbrösel untermischen. Haselnußmasse abkühlen lassen und eine etwa daumenstarke Rolle formen.
Teig auf bemehlter Fläche zu einer Rolle formen und ca. 40 Gramm schwere Stücke schneiden. Daraus ovale 6–8 cm lange Flecken ausrollen. Von der gleichmäßig aufgeteilten Nußmasse ein Stück auf den Teigfleck legen, Teighülle darüber schlagen, zusammenrollen, damit eine bauchige, beiderseits spitz zulaufende Form entsteht. Nußbeugel in der ganzen Länge nur leicht gerundet, die beiden spitzen Ecken stark einwärts gebogen.
Die geformten Beugel mit Eidotter bestreichen. 15 Minuten gehen lassen. Im Ofen bei 180 Grad etwa 20 Minuten backen.

Mohnbeugel "Helenental"

45 dag (450 g) Weizenvollkornmehl
3 dag (30 g) Germ (Hefe)
12 dag (120 g) Butter
1/2 Tasse Milch
1 Tasse saure Sahne
1 Ei
3/4 Tasse Milch
15 dag (150 g) Honig
15 dag (150 g) gemahlener Mohn
6 dag (60 g) Rosinen
1 Ei, getrennt

Germ mit lauwarmer Milch verrühren. Mit dem frischgemahlenen Vollkornmehl, der weichen Butter, der sauren Sahne und dem Ei zu einem festen Teig verkneten und zugedeckt ca. 20 Min. gehen lassen.
Die 3/4 Tasse Milch erhitzen, Mohn und Rosinen einrühren und köcheln lassen, bis die Masse dick wird. Den Honig untermischen. Die Mohnmasse abkühlen lassen.
Den Germteig dünn ausrollen und zu geichmäßigen Rechtecken schneiden, ca. 10 x 10 cm. Die Mohnmasse auf die Mitte der Germteig–Rechtecke verteilen. Die Ränder werden mit Eiweiß bestrichen. Zusammenrollen, so daß Beugeln (Hörnchen) entstehen. Diese mit Eidotter bestreichen und nochmals 10 Min. ruhen lassen.
Sie werden im gut vorgewärmten Ofen bei 180 Grad etwa 15–20 Minuten gebacken.

Alternative – Kaiser Franz Josef – Torte

10 dag (100 g) Butter
20 dag (200 g) Honig
6 Eidotter
1 Prise Vollmeersalz
2 cl. Maraschinolikör
5 dag (50 g) Vollkornsemmelbrösel
25 dag (250 g) geriebene Mandeln
1 abgeriebene Zitrone
Zimt
8 dag (80 g) Weizenvollkornmehl
4 Eiweiße
30 dag (300 g) kaltgerührte rote Marmelade
4 Eßl. Honig
Kokosraspeln

Die weiche Butter mit dem Honig schaumig rühren, nun nacheinander die Eidotter zugeben. Dann den Maraschinolikör, die Vollkornsemmelbrösel, Vollmeersalz, Zimt, Zitronenschale, die Mandeln und das frisch gemahlene Vollkornmehl. Zuletzt den steifgeschlagenen Eischnee unter die Teigmasse heben.
Teig in eine reichlich ausgefettete Springform geben und im vorgeheizten Ofen bei 200 Grad 40–50 Minuten backen.
Die gut ausgekühlte Torte zweimal quer durchschneiden, die Böden mit Marmelade bestreichen und wieder zusammensetzen.
Die Torte nun mit erwärmten Honig bestreichen und mit Kokosraspeln bestreuen.

Register

Bücher von Dr. M. O. Bruker

Unsere Nahrung – unser Schicksal

412 Seiten, Best.-Nr. 84018
(früher: Schicksal aus der Küche)
Bei uns erkrankt der Durchschnitt der Bevölkerung schon etwa 25 Jahre vor dem Tod an einem ernährungsbedingten Zivilisationsleiden, das dann später oft zur Todesursache wird. In diesem Buch erfahren Sie, wie Sie bis ins hohe Alter gesund und vital bleiben – und wie Sie eine verlorene Gesundheit zurückgewinnen können. Daß die Küche ein Ort der Krankheits- oder Gesundheitsentstehung sein kann, ist bekannt. Es kommt darauf an, was dort zubereitet und anschließend gegessen wird.

Die lebensbedingten Krankheiten

360 Seiten, Best.-Nr. 84028 (früher: Krank durch Streß)
Die geistige Haltung bestimmt, wie der einzelne mit den Belastungen des täglichen Lebens fertig wird. Mangel an Kenntnis und Erkenntnis kann zu Krankheiten führen. Konflikte und Streß bedrohen heute jeden. Wie Sie trotz aller Belastungen gesund bleiben oder wieder gesund werden, beschreibt dieses Buch.

Idealgewicht ohne Hungerkur

122 Seiten, Best.-Nr. 84038
(früher: Schlank ohne zu hungern)
Dies ist kein Diätbuch in üblicher Prägung und enthält keine trockenen Theorien und kein Gestrüpp von Verboten, sondern hier wird eine ganz aus der Erfahrung geborene Methode gezeigt, die ihre Bewährungsprobe schon lange hinter sich hat. So unwahrscheinlich es klingt, nicht das Zuvielessen erzeugt Fettsucht und die begleitenden Krankheiten, sondern ein Zuwenig, d.h. der Mangel an bestimmten Nahrungsstoffen. So ist dies ein äußerst guter und praktischer Ratgeber für jeden Übergewichtigen und für alle, die ihr Gewicht halten wollen.

Stuhlverstopfung in 3 Tagen heilbar

134 Seiten, Best.-Nr. 84048
Selbst die hartnäckigste Stuhlverstopfung kann ohne Abführmittel geheilt werden! Dies haben unzählige Fälle bewiesen. Durch einfache Nahrungsumstellung und Änderung der Lebensbedingungen kann jeder Stuhlverstopfte von seinem jahrelangen Übel befreit werden! Wenn er nur will!

Leben ohne Herz- und Kreislaufkrankheiten

174 Seiten, Best.-Nr. 84058
(früher: Sich schützen vor dem Herzinfarkt)
Die Herz- und Kreislaufkrankheiten nehmen von Jahr zu Jahr zu, angeführt von der Todesursache Nr. 1: Dem Herzinfarkt! Die Ursachen für den Herzinfarkt können vermieden werden. Diese sind vor allem ein Mangel an Vitalstoffen durch die heutige denaturierte Kost. Lesen Sie in diesem Buch, wie Sie durch vollwertige Ernährung dieser häufigen Krankheit ein Schnippchen schlagen und ohne Angst auch im größten Streß leistungsfähig bleiben.

Ernährungsbehandlung bei Leber-, Galle-, Magen- und Darmerkrankungen

168 Seiten, Best.-Nr. 84068
(früher: Leber, Galle, Magen, Darm)
»Der Tod sitzt im Darm«, diese uralte ärztliche Weisheit gilt heute mehr denn je. Wer gesund bleiben oder wieder gesunden will, muß seinen Verdauungstrakt gesund erhalten oder wieder gesunden lassen. Das lebensnotwendige Wissen hierzu vermittelt dieses Buch.

Erkältet?

160 Seiten, Best.-Nr. 84078 (früher: Nie mehr erkältet)

Frei von Grippe und Erkältung durch vitalstoffreiche Vollwertkost. Jeder zivilisierte Mensch ist ein- oder mehrmals im Jahr »erkältet«. Aber Schnupfen, Husten und Grippe müssen nicht sein! Dr. M.O. Bruker vermittelt hier seine verblüffenden Erkenntnisse, wie man sich diese lästigen Plagen auf einfache Weise sicher vom Leibe halten kann.

Rheuma – Ursache und Heilbehandlung

123 Seiten, Best.-Nr. 84088
(früher: Rheuma - Ischias -Arthritis - Arthrose)

Jeder 5. leidet heute an Erkrankungen des Bewegungsapparates. Dies bedeutet für die Kranken: ständige Beschwerden, starke Schmerzen und Kosten für Kuren und Medikamente. Die wirklichen Ursachen und die wirksame Heilbehandlung beschreibt dieses Buch und ermöglicht sogar im späten Stadium, das Fortschreiten der Erkrankung zu verlangsamen oder sogar zum Stillstand zu bringen. Eine segensreiche Hilfe für die Erkrankten und ein wertvoller Ratgeber zur Verhütung für alle noch Gesunden.

Biologischer Ratgeber für Mutter und Kind

308 Seiten, Best.-Nr. 84098
von Dr. Med. M. O. Bruker und Ilse Gutjahr

Wenn Sie vorhaben, Kinder zu bekommen oder schon welche haben: Hier finden Sie endlich alle Informationen, wie Sie Ihr Kind von Anfang an gesund aufziehen und ernähren können.
Gesundheit beginnt bei den Eltern schon vor der Zeugung, und setzt sich fort mit dem Stillen und anschließender vollwertiger Ernährung. Auch zu Fragen wie Impfung, Zahnkrankheiten und Allergien nehmen die Autoren Stellung.
Mit diesem Buch als verläßlicher Ratgeber wird es Ihnen gelingen, Ihre Kinder gesund und glücklich heranwachsen zu lassen. Und - Sie sparen sich viele durchwachte Nächte am Bett Ihrer Kinder.

Diabetes und seine biologische Behandlung

mit Rezepten von Ilse Gutjahr
124 Seiten, Best.-Nr. 81098

Auch wenn es die offizielle Medizin noch nicht wahrhaben will: Durch konsequente Umstellung der Ernährung auf Vollwertkost besteht bei der Zuckerkrankheit (diabetes mellitus) die Möglichkeit, beschwerdefrei zu werden. Dies kann, je nach Schweregrad der Erkrankung, bis zur völligen Unabhängigkeit von Tabletten und Spritzen führen.
Dieses Buch soll die Behandlung durch den Arzt auf keinen Fall ausschließen, wohl aber den Weg zu einer ganzheitlicheren Betrachtungsweise aufzeigen.

Tonkassetten:

Wie kann ich meine Gesundheit erhalten?

Best.-Nr. 82016

In diesem 1 1/2 Stunden-Vortrag erläutert Dr. Bruker die ernährungsbedingten Zivilisationskrankheiten. Wie sie entstehen, wie sie geheilt werden können, und vor allen Dingen, wie Sie sie vermeiden können. Mit genauen Anleitungen für Ihre tägliche Ernährung, die sie schon ab morgen befolgen können, wenn Sie wirklich an der Erhaltung Ihrer Gesundheit interessiert sind.

Die lebensbedingten Krankheiten und ihre Heilung

Best.-Nr. 82026

Zu den lebensbedingten Erkrankungen rechnet Dr. Bruker die Krankheiten, die durch eine falsche geistige Haltung und Lebenseinstellung entstehen.

Homöopathie

Best.-Nr. 82036

Dr. M.O. Bruker, ein erfahrener Homöopath, erklärt den Unterschied zwischen Homöopathie und anderen Behandlungsmethoden. Sie erfahren genau, was Homöopathie eigentlich ist.

Getreidemühlen-Informationen

Gesundheit ist kein Zufall

72 Seiten, Best.-Nr. 81218, von G.D. Fischer

Diese Broschüre enthält alles Wissenswerte über Getreidemühlen, sowohl mit Stahl- wie auch mit Steinmahlwerk. Die gängigsten Mühlen sind abgebildet und beschrieben: Preise, Leistung und alle wichtigen Daten.

Süß – aber gefährlich

John Yudkin, 343 Seiten, Best.-Nr. 84118

Der Zucker-Report. Professor Yudkin untersucht in diesem Buch die Wechselwirkung zwischen Zuckerkonsum und den typischen Zivilisationskrankheiten. Dabei stellt er fest: Hätte irgendeine andere Substanz auch nur annähernd jene schädliche Wirkung wie Zucker, dann wäre sie schon längst mit einem Bann belegt worden. Außerdem hat der Körper – physiologisch gesehen – nicht den geringsten Bedarf an Zucker.

Einfacher leben – einfacher essen

Gabriele Kieninger, 112 Seiten, Best.-Nr. 83028

“Der Titel *Einfacher leben – Einfacher essen* ist zu bescheiden. Die Schrift vermittelt trotz ihrer Kürze weit mehr. Das Grundsätzliche einer Vollwertkost ist in knapper Form so hervorragend dargestellt, daß all denjenigen, die das Studium größerer Bücher abschreckt, die Augen weit genug geöffnet werden, daß es die Fehler der bisherigen Ernährungslehre sind, die die zivilisierten Menschen zwangsweise in die Krankheiten hineintreiben.” schreibt Dr. M. O. Bruker in seinem Vorwort zu diesem Buch. Den Hauptteil des Buches nehmen viele leckere Rezepte für den ganzen Tag ein.

Die Kleidung – unsere zweite Haut

Paulus Johannes Lehmann, 456 Seiten, Best.-Nr. 83018

Wesentliches über naturgemäße Kleidung – so könnte der Untertitel dieses wertvollen Ratgebers lauten. Denn Sie erfahren, wie die wichtigsten Kleidungsstoffe in der Natur entstehen, wie sie verarbeitet werden, welche Qualitäten es gibt, für welche Anwendungsbereiche sie wie verwendet werden können und wie Sie sie am schonendsten pflegen. Der Vollständigkeit halber sind neben Wolle, Seide und Pflanzenfasern auch die Chemiefasern beschrieben.

Leo Leichtsinn

Hendrik Nachtsheim, 120 Seiten, Best.-Nr. 83038

In einer Zeit, in der Kinder durch skrupellose Medien und Werbemacher oftmals falsch informiert und zum unkritischen, ja fast bedingungslosen Konsum geradezu erzogen werden, ist es nötig, ihnen auch einmal etwas Gegenteiliges anzubieten!
In sieben Geschichten schildert der Autor, was der zehnjährige Leo so alles erlebt. Es geht dabei um Themen wie Ernährung, Umweltschutz, Naturheilkunde, Werbung oder das 'erste Mal Rauchen'.
Bevorzugt für Kinder von 8 - 12 Jahren.

Das große Bio-Kinder-Kochbuch

Helma Danner, 178 Seiten, Best.-Nr. 84148

Dieses besondere Kochbuch für Kinder enthält eine große Anzahl leckerer und guter Rezepte, nach denen Kinder und Jugendliche gerne kochen und backen. Viele lustige und erklärende Zeichnungen erleichtern die Arbeit. Zur besseren Übersicht sind alle Koch- und Backzutaten für jedes Rezept auf ein Regal gezeichnet. Das Besondere jedoch an diesem Kochbuch sind die naturbelassenen Zutaten, an die sich die Kinder jedoch schnell gewöhnt haben.

Das Vollwertkochbuch aus Schwaben

von Manfred Mikusch und Waltraud Wasserberg, 189 Seiten, mit wundervollen Farbbildern, Best.-Nr. 82158

Schwäbische Spezialitäten als Vollwertkost!
Dem Kenner und Genießer läuft schon jetzt das Wasser im Munde zusammen. Die schwäbische Küche ist in ganz Deutschland für ihre kulinarischen Genüsse bekännt. Schwäbische Vollkornkässpatzen begeistern selbst eingefleischte Auszugsmehl-Nudelesser und die geschmälzten Maultaschen erst...!
Dieses Buch ist eine Bereicherung der Rezeptesammlung eines jeden Hobbykoches, der auf Vollwerternährung schwört und auch die Profiköche in den Gastronomiebetrieben können jetzt ihren Kunden gesunde und leckere Spezialitäten anbieten.

Das Vollwertkochbuch aus Österreich

von Manfred Mikusch und Waltraud Wasserberg, 192 Seiten, mit wundervollen Farbbildern, Best.-Nr. 82218

Diese Ausgabe ist die konsequente Fortsetzung einer Buchreihe, die Vollwertkost für Schleckermäuler propagiert. Daß z.B. Salzburger Nockerln als Vollwertkost ebenso köstlich schmecken wie Kaiserschmarrn, beweisen die Autoren durch die Umsetzung der weltbekannten österreichischen Küche in eine vegetarische Vollwerternährung. Die Rezepte sind Spezialitäten der einzelnen Bundesländer.

6000 Jahre Brot

von H.E. Jacob, 502 Seiten, Best.-Nr. 82228

Brot ist für uns heute so selbstverständlich, daß wir es eigentlich erst vermissen, wenn wir hungern müssen.
Wußten Sie, daß Kultur ohne Getreide und Brot nicht denkbar ist? Kriege wegen Brot geführt und Regierungen gewählt oder gestürzt wurden?
Wenn jemand wirklich verstehen will, warum wir "...unser täglich Brot gib uns heute..." beten, sollte er dieses Standardwerk, das so spannend wie ein Krimi geschrieben ist, unbedingt lesen.

Brotmeditation

bearbeitet von Helma Danner, 40 Seiten, mit zahlreichen ganzseitigen Farbfotos, Best.-Nr. 82168

Ihnen bietet sich die Gelegenheit, sich die Entstehung eines Brotes vom Getreide bis zum Backen an wunderschönen Farbfotos vor Augen zu führen.
Besinnliche, meditative Texte helfen, den Vorgang des Werdens tief zu verinnerlichen. Die Worte im Zusammenklang mit dem Bild in sich nachklingen zu lassen, macht Ihnen bewußt, was Brot eigentlich wirklich ist. Brot bedeutet Leben, bedeutet sich weiterzuentwickeln bis zur Vollkommenheit.